D1983776

# Metabolic Balance®
## Das Kochbuch

Dr. med. Wolf Funfack

# Metabolic Balance®
# Das Kochbuch

Überzeugend einfach!
Das individuelle Ernährungsprogramm

südwest

*Metabolic Balance zeichnet den Weg auf, um mit vitalstoffreicher Kost das Wunschgewicht zu erreichen.*

# Vorwort

Als Internist und Ernährungsmediziner habe ich in meiner Praxis tagtäglich mit Menschen zu tun, deren langjähriges Übergewicht mit dazu beitrug, dass sie heute meine Patienten sind. Viele von ihnen haben unzählige Diäten hinter sich und der Jo-Jo-Effekt ist für sie ein alter Bekannter. Wenn man diese Menschen zu ihren Ernährungsgewohnheiten befragt, nennen fast alle die gleichen Vorgehensweisen: 1) Weniger essen, 2) Fett rigoros aus ihren Mahlzeiten verbannen. Dass ihr Zucker- und Stärkekonsum auch etwas mit ihrem Übergewicht zu tun haben könnte, ist ihnen meist nicht klar.

Die in diesem Buch aufgeführten Rezepte stammen aus der Praxis der Heilpraktikerin Margit Rieder in München-Neuhausen. Sie selbst hat vor Jahren mit Metabolic Balance ihr Wunschgewicht erreicht und ist seitdem eine erfolgreiche Betreuerin der Stoffwechselkur.

## Anderer Denkansatz

Die Stoffwechselkur Metabolic Balance hat die Sichtweise dieser Menschen nun total verändert, denn sie gibt ihnen die Möglichkeit, aus ihrer bisherigen Ernährungsfalle auszusteigen. Mit dem Erscheinen meines ersten Buches »Metabolic Balance – Die Diät« können nun alle anschaulich und praxisnah nachlesen, warum gerade die so genannten »Light«- und Diätprodukte ihren Stoffwechsel ins Ungleichgewicht bringen, fett machen und den allseits bekannten Heißhunger produzieren.

## Individuell angepasst

Seit Einführung der Stoffwechselkur Metabolic Balance im Jahr 2001 haben rund 45 000 Teilnehmer mit ihrem persönlichen, maßgeschneiderten Ernährungsplan den Ausstieg aus dem Kreislauf endloser Diäten und Hungerkuren gefunden. Für sie hat die Frage: »Was braucht mein Körper wirklich, um zu einem gesunden Körpergewicht zu kommen?« eine konkrete Antwort erhalten. Seitdem essen sie mit Genuss normale Nahrungsmittel. Dies sind Nahrungsmittel, die man überall kaufen kann, die schmecken, gesund sind und satt machen. Da der Körper mit diesen normalen Nahrungsmitteln das bekommt, was er braucht, reguliert sich sein Gewicht und er wird wieder vital und leistungsfähig.

## Zurück zu natürlichen Lebensmitteln

Viele Menschen haben über Jahre ihre Essgewohnheiten durch Fastfood und Fertigprodukte so verändert, dass die Zubereitung einer Mahlzeit mit frischen Produkten für sie eine ganz neue Herausforderung ist. Für sie – aber auch für alle, die gerne noch kreativer mit ihrem Ernährungsplan umgehen wollen – bieten wir mit diesem Buch einen praktischen Leitfaden, der die neue Lust am Essen unterstützen soll. Mit Hinweisen und Hilfen zur Warenkunde und Küchenpraxis, vor allen Dingen aber mit vielen köstlichen Rezepten, die einfach und ohne großen Aufwand zu verwirklichen sind. Gerade auch für die Berufstätigen unter Ihnen gibt es viele Anregungen, wie Sie sich »metabolisch« versorgen können.

## Wegweiser und Begleiter

Lassen Sie sich einladen, verführen und überraschen, wie leicht und mühelos Ihnen Ihr Weg zu neuen Ernährungsgewohnheiten und zu Ihrem Wunschgewicht gelingt. Die Zutaten und die auf Sie genau abgestimmten Lebensmittelmengen haben Sie nach einer detaillierten Blutuntersuchung bei Ihrem Betreuer in Ihrem ganz persönlichen Ernährungsplan zusammengestellt bekommen. Und hier kommt nun der Weg zum puren Genuss.
Viel Spaß beim Lesen, Nachkochen und viel Freude bei Ihrem Erfolg zum gesunden Wunschgewicht.

*Dr. med. Wolf Funfack*

Die Rezepte in diesem Buch geben Anregungen für die tägliche Speisenherstellung. Sie helfen, die bei Metabolic Balance geltenden Regeln mit Kreativität, Neugier, Begeisterung und Raffinesse zu gestalten.

Eine Stoffwechselkur, die sich nach den Vorgaben der Natur richtet und den Körper gesund erhält.

# Was ist Metabolic Balance®?

## Bedarfsgerechte Ernährung, individuell zugeschnitten

# Das Wesentliche der Stoffwechselkur

Metabolic Balance ist eine einzigartige, individuelle Stoffwechselkur. Sie entstand nach intensiven Recherchen und jahrelangen Forschungen im Bereich Ernährungsmedizin durch den Internisten und Ernährungsmediziner Dr. Wolf Funfack in Zusammenarbeit mit Silvia Bürkle, Dipl. Ing. für Ernährungstechnik. Seit 2001 haben beide über 600 Betreuer (überwiegend Ärzte, Heilpraktiker und Ernährungsberater) ausgebildet, die nun in ihren Praxen vor Ort diese Kur anbieten und die Teilnehmer dabei begleiten. Mehr als 45 000 Teilnehmer haben bis heute mit ihrem persönlichen Ernährungsplan ihre Gewichtsprobleme gelöst und dabei gleichzeitig ihre Gesundheit nachhaltig gefördert.

Die Website www.metabolic-balance.de listet alle Ärzte, Heilpraktiker und Betreuer auf, die das Stoffwechselprogramm begleiten.

## Natürliches Gleichgewicht

Metabolic Balance meint wortwörtlich: Stoffwechsel-Gleichgewicht. Die Kur hat zum Ziel, über einen individuellen Ernährungsplan die Stoffwechselbalance herzustellen und damit auch das Körpergewicht wieder ins Lot zu bringen.

## Individuell und einzigartig

Am Anfang einer jeden persönlichen Betreuung erfolgt eine Einweisung durch einen in Metabolic Balance geschulten Betreuer, die Aufnahme der persönlichen Angaben sowie eine Blutuntersuchung von insgesamt 37 Laborwerten. Diese werden als Grundlage für die spezifische Nahrungsmittelauswahl herangezogen. So ist gewährleistet, dass die Teilnehmer an der Metabolic-Balance-Stoffwechselkur ihre bisherige Ernährung auf ein gesundes, vollkommen ausgewogenes und persönlich angepasstes Nahrungsmittelprofil umstellen können und so ihr Übergewicht verlieren. Ist das Wunschgewicht erreicht, weist Metabolic Balance den Weg zum dauerhaften gesunden Essen.

## Es kommt auf die richtige Menge an

Dabei beschränkt sich der Metabolic-Balance-Ernährungsplan nicht nur auf die allgemeinen Nahrungsmittelempfehlungen, sondern weist ganz konkret für Frühstück, Mittag- und Abendessen jeweils drei Mahlzeiten mit genauen Mengenangaben aus. Damit ist er einfach und alltagstauglich umsetzbar und erfordert keinerlei Kalorienzählen. Die Einhaltung der vorgegebenen Mengen ist dabei ein wichtiger Baustein zur erfolgreichen Umsetzung der Metabolic-Balance-Empfehlungen. Es soll weder mehr noch weniger als die indivi-

Bei der Zubereitung der Speisen darauf achten, dass pro Mahlzeit nur eine Eiweißart erlaubt ist. So darf man beispielsweise nicht Fleisch oder Eier mit Käse überbacken.

*Eine Küchenwaage ist bei Metabolic Balance ein unverzichtbares Hilfsmittel.*

duell vorgegebenen Mengen an Gemüse und Eiweiß (Fleisch, Geflügel, Fisch, Hülsenfrüchte, Käse und andere Milchprodukte, Tofu oder Sprossen) verzehrt werden. Jede Mahlzeit wird in der Regel mit einem Stück Obst abgeschlossen und je nach individuellem Nahrungsplan können die Teilnehmer Roggenknäckebrot verzehren, um den Ballaststoffgehalt der Nahrung zu erhöhen.

Metabolic Balance empfiehlt naturbelassene Lebensmittel und verzichtet auf alles, was die industrielle Nahrungsmittelproduktion auf den Markt bringt: Verdickungsmittel, Light-Produkte, Zusatzstoffe, Geschmacksverstärker, gesüßten Getränke.

## Metabolic Balance® im Vergleich zu anderen Diätprogrammen

Traditionelle und viele aktuelle Diätprogramme haben ausschließlich einen Fokus: die Nahrungsmittel. Sie unterstellen in ihrer Anwendung, dass es nur darum geht, bestimmte Nahrungsmittel wegzulassen, dafür andere zu benutzen oder gar spezielle Flüssignahrung oder Pulver zu sich zu nehmen – und schon würden die Pfunde purzeln. Das mag im Einzelfall durchaus mal funktionieren – aber wenn die Abnehmwilligen in das alte Ernährungsverhalten zurückverfallen, macht der Jo-Jo-Effekt alles noch viel schlimmer. Diese einseitig auf die Nahrungsmittel abgestimmten Programme übersehen, dass Gewichtsregulierung so individuell ist wie der einzelne Mensch.

### Auf das eigene Blut abgestimmt

Der einzigartige Erfolg der Metabolic-Balance-Stoffwechselkur und die positiven Langzeiterfahrungen mit dieser vitalen Ernährungsweise lassen sich darauf zurückführen, dass es mit Metabolic Balance gelungen ist, einen individuellen, persönlichen Ernährungsfahrplan zusammenzustellen, der die »Chemie« der Nahrungsmittel mit der sehr individuellen und einzigartigen »Körperchemie« des Teilnehmers abgleicht. Aus den Laborwerten der zuvor erfolgten Blutuntersuchung lässt sich genau ablesen, welche Vitamine, Nähr- und Mineralstoffe ein Teilnehmer für eine ausgewogene Ernährung auf lange Sicht braucht. Und nur die dazu passenden Nahrungsmittel werden für seinen persönlichen Ernährungsplan ausgesucht. Durch die Einhaltung der bei Metabolic Balance geltenden Grundregeln (siehe Seite 17) wird die Balance im Stoffwechsel wieder hergestellt und der Körper kann sein Gewicht auf ein normales Maß reduzieren.

## Individuelle Betreuung

Die Ernährungspläne von Metabolic Balance spiegeln also die ganz persönliche Situation des Teilnehmers wider und sind deshalb auch ausschließlich für ihn erfolgreich. Würde jemand anders diesen Plan benutzen, würde er nicht den gleichen Erfolg haben. Diese spezifische Vorgehensweise und die Betreuung der Teilnehmer durch eigens dafür ausgebildete und zertifizierte Betreuer mit adäquatem Wissen über Ernährung und Stoffwechsel sind der entscheidende Unterschied zu den herkömmlichen Diätprogrammen und der Garant für einen dauerhaften Erfolg.

Eine Weitergabe des individuellen Plans an andere Personen soll nicht erfolgen. Denn eine andere Person hat andere Blutausgangswerte und reagiert auf Lebensmittel, die nicht auf sie abgestimmt sind, möglicherweise mit Gesundheitsstörungen.

## Insulin als Stellgröße

Nun fragen Sie sich vielleicht: Warum ist die »Körperchemie« denn so wichtig? Die Wissenschaft hat herausgefunden, dass bestimmte Nahrungsmittel günstig und andere eher ungünstig für unseren Stoffwechsel sind. Dabei spielen die Bauchspeicheldrüse und das dort produzierte Hormon Insulin eine ganz wichtige Rolle. Das Insulin reguliert den Blutzuckerspiegel im Körper und beeinflusst viele andere Hormone, die teils mit dem Stoffwechsel, aber auch mit anderen Funktionen im Körper zu tun haben. Fehl- und Überernährung bewirken einen ständigen Überhang an Zucker im Blut. Bereits bei einem nur 10- bis 20-prozentigen Übergewicht haben Menschen einen durchgehend zu hohen Insulinspiegel.

## Glykämische Last

Die Wissenschaft empfiehlt nun, bei der Ernährung die so genannten »LOGI«-Kohlenhydrate zu bevorzugen, weil sie dafür sorgen, dass der Blutzuckeranstieg niedrig und somit die Insulinausschüttung gering gehalten wird. »LOGI« steht für »low glycemic index« und bedeutet »langsamer Zuckeranstieg« im Blut nach der Mahlzeit.

Eine hohe glykämische Last besagt, dass die entsprechenden Nahrungsmittel zu einem raschen Blutzuckeranstieg und damit zu einem anhaltend hohen Insulinspiegel führen. Nahrungsmittel mit niedriger Last wie Vollkornprodukte, Gemüse, Salate und Hülsenfrüchte, lassen die Blutzucker- und Insulinspiegel dagegen langsamer ansteigen.

## Bedarfsgerechte Nahrung

Die Stoffwechselkur Metabolic Balance führt in ihren Ernährungsplänen solche Nahrungsmittel auf, deren Kohlenhydratqualitäten dem Blutbild des Teilnehmers optimal angepasst sind und dabei gleichzeitig bei der angegebenen Menge zu anhaltender Sättigung führen. Daneben spielen bestimmte Eiweiße, wie sie in Fisch, Fleisch, Geflügel, Milch- oder Sojaprodukten vorkommen, eine wichtige Rolle für den Stoffwechselprozess. Hier werden nur solche ausgewählt, die sich – wieder auf Basis der Laborwerte des Teilnehmers – als günstig für seinen Stoffwechsel herausstellen. Die Nährstoffe aller dieser Nahrungsmittel sind also erforderlich, um den Stoffwechsel des Teilnehmers wieder ins Gleichgewicht zu bringen.

## Keine Massenware

Metabolic Balance fußt auf der Überlegung, dass Menschen Individuen mit gänzlich verschiedenen Stoffwechselsituationen und unterschiedlichen Bedürfnissen an spezifischen Vitaminen, Nähr- und Mineralstoffen sind. Deshalb muss ein Ernährungsplan diesen Faktoren Rechnung tragen, will er – wie bei Metabolic Balance – mehr sein als eine kurzfristig wirkende Diät. Mit dem individuellen Ernährungsplan im Rahmen der betreuten Stoffwechselkur Metabolic Balance korrigieren die Teilnehmer ihr bislang ungünstiges Ernährungsverhalten. Sie erfahren wieder, was ihr Körper wirklich braucht.

## Für wen ist das Programm geeignet?

**Die Teilnahme an Metabolic Balance ist sinnvoll für Kinder, Jugendliche, Erwachsene und Senioren, die ihre momentane Gewichts- und/oder Gesundheitssituation nachhaltig verbessern wollen. Also alle, die**

- **ihr Übergewicht abbauen und zu einem gesunden Normalgewicht kommen wollen**
- **ihre gesundheitlichen Probleme im Zusammenhang mit Übergewicht, wie zum Beispiel Bluthochdruck oder Diabetes Typ 2, verbessern wollen**
- **unabhängig von ihrem Alter wieder energie- und leistungsfähiger sein wollen**
- **der langen Suche nach der richtigen Diät ein Ende bereiten wollen**
- **dauerhaft an einer gesunden, für sie zuträglichen Ernährungsumstellung interessiert sind**
- **neue Ernährungsgewohnheiten und die Reaktionen ihres Körpers darauf entdecken wollen**
- **Übergewicht vorbeugen und damit das Risiko eines gestörten Fett- und Zuckerstoffwechsels minimieren wollen**
- **die Erfahrung machen wollen, wie eine gesunde Ernährung zahlreiche Zivilisationskrankheiten verbessern kann, ohne auf die Einnahme von vielen Medikamenten angewiesen zu sein.**

Auch für alle Personen die nicht an Übergewicht leiden, ist die Stoffwechselkur ein Wegweiser zu einer gesunden Ernährung.

Angespornt von sicht- und erlebbaren Erfolgen gelingt ihnen die Umstellung zu einer gesunden, natürlichen Ernährungsweise, die ohne zu hungern das Wunschgewicht dauerhaft erreichen lässt. Zur richtigen Ernährungsweise gehört auch ein gesundes Trinkverhalten: mindestens zwei, besser drei Liter Wasser pro Tag, keine gesüßten Getränke, kein Alkohol und nur drei Tassen Kaffee pro Tag.

# In vier Phasen zum Wunschgewicht

Ausführlich sind diese Phasen im ersten Buch »Metabolic Balance – Die Diät« beschrieben. Die Betreuung während der einzelnen Phasen kann auf Wunsch auch über Telefon erfolgen.

*Durch Umstellung auf naturbelassene Kost reguliert sich das Körpergewicht.*

Beim Ablauf von Metabolic Balance legen die Betreuer (Ärzte, Heilpraktiker und Ernährungsberater) großen Wert darauf, jeden Teilnehmer persönlich zu begleiten und in den verschiedenen Phasen zu betreuen. Der Weg beginnt in der Regel mit einem persönlichen Gespräch, der Teilnahme an einem der Vorträge der Betreuer oder auch dem Studium des Buches »Metabolic Balance – Die Diät« durch den Interessenten, so dass er umfassend informiert ist über die Fakten und die Besonderheiten, die zum Erfolg dieser Stoffwechselkur führen. Hat er sich dann entschlossen, führt ihn der Weg in die Praxis seines von ihm ausgewählten Betreuers vor Ort. Hier erfolgen nun eine ausführliche Anamnese, die Blutabnahme und die Aufnahme weiterer persönlicher Angaben, die zur Bestimmung seiner Ausgangssituation dienen. Auf Basis der ausgewerteten Blutwerte und unter Einbezug der anderen Daten wird dann per Computer der individuelle Ernährungsplan erstellt. Der Betreuer erklärt diesen Plan ausführlich in seinen verschiedenen Phasen und stellt die Grundregeln vor. Die einzelnen Phasen der Stoffwechselkur bauen aufeinander auf und haben folgende Inhalte:

## Phase 1: Vorbereitungsphase

Zwei Tage wird der Körper schonend auf die Umstellung durch eine spezifische Ernährung und Entschlackung vorbereitet. Der Plan gibt hier genaue Hilfestellung.

## Phase 2: Strenge Umstellungsphase

Während dieser Phase müssen die empfohlenen Mengen genau eingehalten werden. Auch dürfen keine Nahrungsmittel gegessen werden, die nicht auf der persönlichen Auswahlliste stehen.

## Phase 3: Gelockerte Umstellungsphase

Der Teilnehmer hat seine persönlichen Ziele – vor allem sein Wunschgewicht – erreicht. Jetzt heißt es, das Mahlzeitenspektrum durch weitere Nahrungsmittel zu ergänzen und die Balance des Stoffwechsels für immer abzusichern. Die Dauer dieser Phase wird ebenfalls individuell auf die Bedürfnisse des Teilnehmers abgestimmt. Durch regelmäßige Selbstkontrolle und Selbstbeobachtung lernt er den Umgang mit möglichen Komplikationen und besonderen Situationen. Wie in allen Phasen steht auch hier der Betreuer beratend zur Seite.

## Phase 4: Erhaltungsphase

Der Teilnehmer hat wieder sein eigenes Gefühl für die Essensmengen zu den Mahlzeiten bekommen und kann jetzt nach und nach Lebensmittel in seinen täglichen Speiseplan integrieren, die nicht auf seiner Liste stehen.

### Grundregeln von Metabolic Balance

- **Täglich 3 Mahlzeiten essen.**
- **Eine Mahlzeit soll nicht länger als 60 Minuten dauern.**
- **5 Stunden Pause zwischen den Mahlzeiten einhalten.**
- **Die letzte Mahlzeit soll vor 21.00 Uhr beendet sein.**
- **Pro Mahlzeit ist nur eine Eiweißart erlaubt.**
- **Jede Eiweißart darf nur einmal am Tag gegessen werden.**
- **Jede Mahlzeit unbedingt mit dem Eiweißanteil beginnen.**
- **Über den Tag verteilt viel Wasser trinken.**
- **Jede Mahlzeit mit Obst abschließen.**
- **Regelmäßige körperliche Betätigung. Sport in den Tagesablauf integrieren.**
- **Regelmäßige Kontrolle von Gewicht und Umfängen.**

Bereits mit Beginn der strengen Umstellungsphase können Sie – auf der Basis der persönlichen Nahrungsmittelliste und der Mahlzeitenvorschläge – die Rezepte dieses Buches verwenden. Ab der gelockerten Umstellungsphase können Sie weitere Nahrungsmittel in Ihre täglichen Mahlzeiten aufnehmen und während der Erhaltungsphase diese neu gewonnene Freiheit in Ihren Ernährungsgewohnheiten fortsetzen.

Naturbelassene Nahrungsmittel bieten alles, was man für einen gesunden Körper braucht.

# Warenkunde & Küchenpraxis

## Inhaltsstoffe und praktische Tipps

# Inhaltsstoffe der Nahrung

Eine ausgewogene Ernährung im Sinne von Metabolic Balance stellt dem Körper alle notwendigen Nährstoffe zur Verfügung. Der Stoffwechsel wird gezielt angeregt, die Insulinausschüttung naturgerecht gesteuert und der gesamte Hormonhaushalt gestärkt. Die Wiederherstellung eines natürlichen Gleichgewichtes in der Ernährung führt zu einer Vielzahl von allgemeinen gesundheitlichen Verbesserungen.

## Vitalstoffreiches Obst und Gemüse

Ein Standbein der Ernährung nach dem Prinzip von Metabolic Balance ist das Gemüse. Die individuellen Nahrungspläne weisen aus, wieviel Gramm Gemüse jeder Teilnehmer pro Mahlzeit essen soll. Als Nachtisch ist jeweils ein Stück Obst vorgesehen. Obst und Gemüse sind reich an natürlichen Ballaststoffen, Vitaminen, Mineralstoffen und den so genannten sekundären Pflanzenstoffen. Diese für die Ernährung der Menschen so bedeutenden Stoffe wirken antimikrobiell, cholesterinsenkend, entzündungshemmend, krebsvorbeugend, blutverdünnend und antioxidativ.

Die guten Inhaltsstoffe des Apfels sitzen unter seiner Schale. Daher Äpfel gut waschen und mit Schale essen. Apfelsaft ist kein Ersatz für einen ganzen Apfel, da Quercetin und die wertvollen Ballaststoffe beim Entsaften entfernt werden.

### Apfel

Der Apfel gehört zu den Früchten mit dem höchsten Pektingehalt. Beim Aufquellen bindet Pektin neben Wasser auch Cholesterin und Giftstoffe, die mit der Nahrung in den Darm gelangen, und sorgt dafür, dass diese wieder ausgeschieden werden. Der in Äpfeln enthaltene sekundäre Pflanzenstoff Quercetin tötet Viren und verhindert Zellschäden, die von freien Radikalen angerichtet werden können. Zudem sind Äpfel reich an Vitamin C, weshalb sie gerne als wahre Abwehrspezialisten bezeichnet werden.

## Sekundäre Pflanzenstoffe

| Sekundärer Pflanzenstoff | Nahrungsquelle | Wirkung | Zubereitungstipps |
|---|---|---|---|
| Allylsulfid (Sulfide) | Knoblauch, Zwiebeln | Erhöhen das »gute« HDL-Cholesterin, senken Triglyzeride, stimulieren Enzyme | Hacken oder Zerdrücken, um die sekundären Pflanzenstoffe freizusetzen |
| Flavonoide | Äpfel, Brokkoli, Zitrusfrüchte, Endivie, Traubensaft, Kohl, Zwiebeln, Rotwein | Antioxidativ, gegen Herzinfarkt | Das Fleisch von Zitrusfrüchten mitsamt dem weißen Häutchen und Äpfel mit der Schale essen |
| Indole und Isothiocyanate | Brokkoli, Kohl, Blumenkohl, Senfkraut | Regulierung des Hormonhaushaltes, gegen Brustkrebs | Leicht dämpfen, dünsten, um die sekundären Pflanzenstoffe zu erhalten |
| Isoflavone | Kichererbsen, Kidneybohnen, Linsen, Sojabohnen | Krebsvorbeugend | Isoflavone werden durch die Verarbeitung nicht zerstört und sind auch in Konserven noch enthalten |
| Carotinoide (Lycopin, Lutein, Zeaxanthin) | Brokkoli, Tomaten, Honigmelonen, Möhren, Blattgemüse | Antioxidativ, cholesterinsenkend, abwehrstärkend, krebsvorbeugend | Zusammen mit Fleisch oder fetthaltigen Lebensmitteln verzehren |
| Monoterpene | Kirschen, Zitrusfrüchte | Krebsvorbeugend, blockieren schädliche chemische Verbindungen | Obwohl die meisten Monoterpene in den Schalen sitzen, können sie auch in Form von Säften verzehrt werden |
| Phenol-Verbindungen (Cumarin, Lignane) | Fast alle Getreidearten, Obst, grüne und schwarze Tees, Gemüse | Antioxidativ, aktivieren krebsunterdrückende Enzyme | In allen Obst- und Gemüsearten zu finden |
| Saponine | Spargel, Kichererbsen, Nüsse, Hafer, Kartoffeln, Sojabohnen, Spinat, Tomaten | Cholesterinsenkend, abwehrstärkend, krebsvorbeugend | Die besten Quellen sind Hülsenfrüchte, vor allem Sojabohnen |
| Glucosinolate | Gartenkresse, Kohlrabi, Rettich | Antimikrobiell, cholesterinsenkend | Nicht hitzestabil, daher öfter mal als Rohkost verzehren |

## Ananas

Ananas wird in der alternativen Heilkunde zum Schutz der Knochen empfohlen, da sie reich an Mangan ist. Der Körper benötigt Mangan, um Kollagen zu bilden, jene zähen Eiweißfasern, die ein Teil des Bindegewebes sind und zum Beispiel in Knochen, Haut und Knorpeln vorkommen. Frische Ananas enthält neben Vitamin C vor allem das Verdauungsenzym Bromelain. Da Bromelain die Eiweißverdauung unterstützt, indem es Proteine aufspaltet, wird es Menschen mit verminderter Magensäureproduktion empfohlen.

Bei Ananas frische Früchte bevorzugen, denn bei Dosenware wird das eiweißspaltende Enzym durch die Hitze bei der Konservierung zerstört.

## Avocado

Avocados zählen botanisch gesehen zum Obst, obwohl sie gar nicht süß sind. Die Avocado ist die Obstart mit dem höchsten Fettgehalt, und gerade diese Fette machen die Frucht so wertvoll. Das Avocadofett setzt sich zu 85 Prozent aus ungesättigten Fettsäuren zusammen. Bei regelmäßigem Verzehr senken diese Fettsäuren hohe LDL-Cholesterinwerte im Blut. Avocados enthalten darüber hinaus viel Folsäure und Pantothensäure, wichtige B-Vitamine, die eine zentrale Schlüsselstellung im Stoffwechselgeschehen einnehmen. Man benötigt sie zum Auf-, Um- und Abbau von Eiweißen, Fetten und Kohlenhydraten.

## Mango

Die Steinfrucht wächst an großen, immergrünen Bäumen in den Tropen. Sie ist reich an Provitamin A und den Vitaminen E und C und hilft daher, freie Radikale im Organismus einzufangen. Die Inhaltsstoffe der Mango erneuern Haut und Schleimhäute, beugen Alterungsprozessen vor und stärken das Immunsystem. Mangos reifen nach, wenn man sie, in Zeitungspapier gewickelt, bei Zimmertemperatur ruhen lässt.

## Papaya

Papaya ist reich an Carotinoiden und enthält eiweißspaltende Enzyme, von denen das Papain den körpereigenen Enzymen im Magen ähnlich ist. Der Verzehr von rohen Papayas zu den Mahlzeiten unterstützt die Eiweißverdauung.

## Artischocke

Die Artischocke liefert reichlich Vitamine wie zum Beispiel Carotin, Folsäure, Vitamin C und Vitamin E sowie die Mineralstoffe Kalzium, Magnesium und Phosphor. Im Gegensatz zu anderen Gemüsearten enthalten Artischocken keine Stärke, sondern Inulin, ein Ballaststoff, der aus bis zu 90 Monosacchariden aufgebaut ist und nicht verstoffwechselt wird. Somit sind Artischocken eine ausgezeichnete Ballaststoffquelle. Eine mittelgroße Artischocke weist mehr als 6 Gramm Ballaststoffe auf, was etwa ein Viertel des Tagesbedarfs

Die praktische Alternative zu frischen Artischocken sind tiefgefrorene Artischockenherzen, die im Handumdrehen zubereitet werden, beziehungsweise Artischocken aus dem Glas, die nur in Salzwasser eingelegt sind.

*Die Samen der Papaya werden vor dem Verzehr entfernt.*

entspricht. Inulin kommt auch in Zwiebeln, Chicorée, Porree und Zichorienwurzeln vor. Artischocken enthalten auch den Bitterstoff Cynarin, der Leber und Galle anregt und somit die Fettverdauung fördert.

## Blattgemüse

Neben Magnesium, Eisen, Kalzium, Folsäure, Vitamin C und Vitamin B6 enthalten viele Gemüsearten – die morphologisch als Blattgemüse bezeichnet werden – eine Reihe von Wirkstoffen, die Herz- und Krebserkrankungen entgegenwirken. Die nährstoffreichsten Arten von Blattgemüse sind Grünkohl, Mangold, Löwenzahnblätter, Spinat und Chicorée. Forscher haben herausgefunden, dass verstopfte Arterien und Herzkrankheiten einhergehen mit einem hohen Homocysteinspiegel. Der Homocysteinspiegel kann mit Hilfe von Folsäure und den Vitaminen B12 und B6, die reichlich in Blattgemüse enthalten sind, relativ konstant gehalten werden. In einigen Ländern, in denen vorwiegend vegetarisch gegessen wird, decken die Menschen ihren Kalziumbedarf nicht über Milch, sondern über grünes Gemüse. Allerdings wird die Verwertung des Kalziums durch die ebenfalls im Gemüse enthaltene Oxalsäure gehemmt, weshalb Spinat und Mangold als Kalziumlieferanten ausscheiden. Doch alle anderen Blattgemüsearten bleiben davon unbetroffen. Das Kalzium in Grünkohl wird sogar besonders gut resorbiert.

Von Chinakohl bis Wirsing bietet die botanische Familie der Kreuzblütler viele Gemüsearten, die für eine gesunde Ernährung von Vorteil sind. Am besten werden auch sie nur kurzzeitig erhitzt, um ihre wertvollen Inhaltsstoffe zu erhalten.

## Kohlgewächse

Zur großen Familie der Kohlgewächse gehören nicht nur die Weiß- und Rotkohlköpfe, sondern auch Blumenkohl, Brokkoli, Rosenkohl, Wirsing, Pak-Choi, Chinakohl, Kohlrabi und andere. Kohlarten zeichnen sich durch einen relativ hohen Ballaststoffgehalt aus, sind reich an Mineralstoffen und weisen unterschiedliche Gehalte an Vitaminen auf. Von großer Bedeutung sind die in ihnen enthaltenen Senföle. Diese schwefelhaltigen Verbindungen haben antibakterielle, keimtötende Wirkung. Außerdem enthalten einige Kohlarten gleich drei Substanzen, die als krebshemmend gelten: Sulforaphane, Flavonoide und Indole. Sulforaphane aktivieren Entgiftungsenzyme in den Zellen, Flavonoide wirken vor allem im Darm als Entgifter und Indole helfen, den Hormonhaushalt auszubalancieren.

### Pastinake

Kartoffel und Möhre haben die Pastinake einst als Kulturpflanze verdrängt. In jüngster Zeit erfreut sich das Gemüse aber wieder zunehmender Beliebtheit. Pastinaken liefern wertvolle Kohlenhydrate, reichlich Ballaststoffe, Mineralstoffe und extrem viel ätherisches Öl. Das Hauptöl der Pastinake ähnelt dem Kümmelöl Carvon. Es regt die Verdauungstätigkeit an und stimuliert das Nervensystem. Da es zudem Magen- und Darmbeschwerden lindert, werden Pastinaken in der Volksmedizin auch bei Bauchweh empfohlen.

Beim Knollensellerie ist es ratsam, die grünen Blätter mit zu verarbeiten, da hier eine Vielzahl seiner Vitamine und Mineralstoffe enthalten ist. Sellerie ist eine der Gemüsearten, die durch Kochen nur wenige Nährstoffe verlieren.

### Sellerie

Knollen- und Staudensellerie enthalten das ätherische Öl Apiin, Bitterstoffe und ein insulinähnliches Hormon. Sellerie hat eine anregende Wirkung auf das ganze Verdauungssystem, die Nebenniere, das Nervensystem, das Gehirn und den gesamten Stoffwechsel.

## Lebensnotwendiges Eiweiß

Die Eiweißstoffe (Proteine) sind neben Kohlenhydraten und Fetten ein Hauptbestandteil unserer Nahrung. Der menschliche Körper besteht zu 15 bis 20 Prozent aus Eiweiß, das einem ständigen Auf-, Ab- und Umbau unterliegt. Der Körper benötigt tagtäglich eine bestimmte Menge der lebensnotwendigen (essenziellen) Amino-

*Beim Fleischeinkauf fettarme Sorten auswählen.*

Damit rund 80 Billionen Körperzellen, das Blut, Abwehrstoffe, Enzyme und Hormone versorgt sind, braucht der Körper täglich eine bestimmte Menge Eiweiß (Protein).

säuren für den Aufbau von Muskeln, Organen, Knorpel, Knochen, Haut, Haaren und Nägeln. Eiweiß dient normalerweise nicht der einfachen Energiegewinnung, nur in Notsituationen greift der Körper auf seine Eiweißreserven zurück. Während einer Nulldiät beispielsweise werden reichlich eiweißreiche Muskeln abgebaut, vor allem wenn die Muskeln aufgrund mangelnder Bewegung nicht gebraucht werden. Bei der Eiweißaufnahme kommt es daher nicht nur auf die Menge, sondern auch auf die Art beziehungsweise Zusammensetzung (biologische Wertigkeit) der Eiweiße an. Jedes Nahrungseiweiß besteht aus verschiedenen Aminosäuren in unterschiedlichen Mengen. Je ähnlicher das Aminosäuremuster des Nahrungsproteins dem Eiweiß des Körpers ist, desto weniger muss davon verzehrt werden und um so höher ist seine biologische Wertigkeit, das heißt, desto mehr kann in körpereigenes Eiweiß umgebaut werden. Die essenziellen Aminosäuren, die für die biologische Wertigkeit ausschlaggebend sind, finden sich hauptsächlich in tierischem Eiweiß wie Fleisch, Fisch, Eiern, Milch und Käse. Auch pflanzliche Nahrungsmittel enthalten essenzielle Aminosäuren, jedoch nicht immer alle und zudem noch in unterschiedlichen Konzentrationen.

## Fleisch

Für die Zubereitung der Mahlzeiten stehen je nach individuellem Nahrungsplan die Fleischarten Kalb, Rind, Schwein und Lamm zur Auswahl. Sie alle enthalten die wichtigen B-Vitamine (B1 = Thiamin; B2 = Riboflavin; Niacin; B6 = Pyridoxin; B12 = Cobalamin; Folsäure und Pantothensäure). Im Schnitt liefert Fleisch 10 bis 20 Prozent des Tagesbedarfs dieser Vitamine. Riboflavin benötigt der Körper für den Gewebeaufbau, Vitamin B6 für das Immunsystem, Niacin für die Haut, Nerven und Verdauung sowie Thiamin für die Umwandlung von Blutzucker. Zudem ist Fleisch ein wichtiger Eisen- und Zinklieferant. Natürlich kommen Eisen und Zink auch in pflanzlichen Nahrungsmitteln vor, doch kann der Körper das Eisen und Zink aus tierischen Nahrungsmitteln sehr viel besser resorbieren.

Beim Einkauf Fleisch aus artgerechter Tierhaltung bevorzugen, denn diese Tiere werden ohne Wachstumshormone und Antibiotika aufgezogen. Bei der Mahlzeitengestaltung ist es sinnvoll, täglich die Fleischarten zu variieren.

## Geflügel

Beim Geflügel kann man je nach Liste zwischen Huhn, Pute, Ente, Fasan oder Gans wählen. Geflügel liefert die drei wichtigen B-Vitamine Niacin, Vitamin B6 und Vitamin B12 in ausreichender Menge. B12 ist ein Vitamin, das ausschließlich in tierischen Nahrungsmitteln zu finden ist. Es wird für wichtige Gehirnfunktionen benötigt. Bei der küchenpraktischen Verarbeitung von Geflügel verzichtet man meist auf das dunkle Fleisch, weil es vergleichsweise viel Fett aufweist. Es sollte trotzdem ab und zu gegessen werden, da es auch viele Mineralstoffe, vor allem Eisen und Zink, enthält. Am besten Geflügel mit Haut garen und ohne verzehren.

## Fisch

Ein Land mit vielen Heringen kann mit wenigen Ärzten auskommen, besagt ein holländisches Sprichwort. In Sachen gesunder Ernährung nehmen Fische eine besondere Stellung ein, denn sie enthalten die essenziellen mehrfach ungesättigten Omega-3-Fettsäuren. Diese verbessern die Fließfähigkeit des Blutes, wirken gefäßerweiternd und blutdrucksenkend, liefern Bausteine für Gehirn und Augen, verbessern die Lernfähigkeit und Konzentration und schützen vor Herzinfarkt und Schlaganfall.

Meeresfische enthalten einen hohen Anteil an Omega-3-Fettsäuren und sollten öfters mal auf dem Speiseplan stehen. Fischkonserven enthalten auch reichlich Omega-3-Fettsäuren, sofern es sich um Fisch im eigenen Saft handelt.

## Sojabohnen/Tofu

Sojabohnen zählen in Asien zu den Grundnahrungsmitteln. Die kleinen Bohnen sind reich an hochwertigem Eiweiß, an ungesättigten Fettsäuren und Vitalstoffen. Soja ist ein idealer Milchersatz, denn es enthält ebenso Kalzium und hat eine ähnliche Eiweißstruktur. Sojabohnen enthalten Genistein, eine östrogenähnliche Substanz, die nach wissenschaftlicher Meinung dafür verantwortlich ist, dass ostasiatische Frauen selten an Brust- und Gebärmutterkrebs erkranken. Sojabohnen fördern die Gesundheit auf vielfältige Weise. Bei regelmäßigem Verzehr kann ein hoher Cholesterinspiegel verbessert werden. Ebenso tragen Sojabohnen dazu bei, dass der Insulinspiegel und die Darmfunktion reguliert werden. Tofu, Räuchertofu, Sojamilch und Sojajoghurt werden aus der Sojabohne gewonnen und zeichnen sich durch ähnliche Inhaltsstoffe aus. Am besten isst man Sojaerzeugnisse, die möglichst unbehandelt sind, denn Sojafertigprodukten werden oft wertvolle Inhaltsstoffe entzogen. Bei weiterverarbeiteten Produkten, wie zum Beispiel vegetabilen Würstchen oder vegetarischen Burgern, soll man darauf achten, dass das Sojaeiweiß in Form von »hydrolisiertem« oder »texturiertem« pflanzlichem Eiweiß enthalten ist, denn diese sind gute Lieferanten von Phytoöstrogenen.

## Shiitake- und Austernpilze

Im asiatischen Brauchtum werden Pilze als Stärkungsmittel geschätzt, die zu einem langen Leben verhelfen. Der Shiitake-Pilz enthält neben hochwertigem Eiweiß einen hohen Anteil an den B-Vitaminen Niacin, Riboflavin und Thiamin sowie an Ergosterin. Ergosterin ist die Vorstufe des Vitamin D (Calciferol) und wird durch UV-Strahlen in Vitamin D umgewandelt. Aus therapeutischer Sicht sind drei Substanzen der Shiitake- und Austernpilze von Bedeutung: Lentinan, Eritadenin und LEM (Lentinula edodes Myzelextrakt). Diese Substanzen stimulieren das Immunsystem, mehr Interferon zu produzieren, einen natürlichen Abwehrstoff gegen Viren und Krebs.

## Ziegenmilch, Ziegenkäse

Kuhmilchallergiker vertragen bestimmte Eiweißfraktonen der Kuhmilch nicht. Für sie kann Ziegenmilch eine wertvolle Alternative sein. Ähnlich wie Kuhmilch sind Ziegenmilch und Ziegenkäse gute Lieferanten für Kalzium, Zink, Selen, Jod, Vitamin A und Vitamin B2, enthalten aber nur knapp die Hälfte an Cholesterin. Besonders hoch ist der Gehalt an Niacin und Vitamin D, mit dessen Hilfe Kalzium und Phosphor aus der Nahrung in die Knochen eingelagert werden.

Ziegenmilch lässt sich wie Kuhmilch verwenden und sogar einfrieren. Ziegenkäse eignet sich zum Überbacken von Gemüse, als Salatverfeinerung oder als Füllung für Zucchini und Auberginen. Wer keine reine Schafmilch mag oder verträgt, kann Joghurt oder Käse aus Schafmilch verwenden.

## Schafmilch, Schafkäse

Schafmilch ist die beste Milch der Wiederkäuer, da sie den höchsten Gehalt an Mineralien, Vitaminen und speziellen Fettsäuren aufweist. Weiterhin ist sie besonders reich an Kalzium und Vitamin B. Schafmilch enthält auch konjugierte Linolsäuren, die sich durch hervorragende Eigenschaften auszeichnen. Sie wirken krebsvorbeugend, sind besonders günstig bei entzündlichen Prozessen und reduzieren nachweislich den Fettanteil im Körper und bauen dafür Muskelmasse auf. Schafmilch ist ebenso wie Ziegenmilch gut bekömmlich.

# Küchenpraxis

Die Grundregeln der Metabolic-Balance-Methode (siehe Seite 17) sind recht einfach umzusetzen. Allerdings erfordern sie von den meisten Teilnehmern eine Umstellung ihrer Kochgewohnheiten. Die größte Herausforderung ist wohl das fettfreie Kochen.

Blanchieren nennt man in der Küchenfachsprache einen Garvorgang, bei dem Gemüse nur ganz kurz in sprudelnd kochendes Salzwasser gelegt wird und nach wenigen Minuten noch bissfest wieder herausgehoben wird.

## Garen ohne Fett

Dass man ohne Fette, Öle, Sahne, Fertigsaucen, Gewürzmischungen und Mehl eine schmackhafte Mahlzeit zubereiten kann, ist für viele Metabolic-Balance-Teilnehmer erst einmal unbekannt. Sie werden sich aber wundern, wie köstlich die in diesem Buch vorgestellten Kochideen auch ohne E-Stoffe, Geschmacksverstärker, Appetitanreger und Farbstoffe schmecken.

### Garen in der Pfanne

Beschichtete Pfannen haben den großen Vorteil, dass beim fettfreien Braten nichts anhängt, sofern man etwas Wasser in die Pfanne gibt. Oder man verwendet die wiederverwertbaren, handelsüblichen Bratfolien für Pfannen. Dafür wird jeweils eine Folie in die Pfanne gelegt, die Pfanne erhitzt, die Folie mit etwas Wasser bespritzt und das Bratgut auf die Folie gelegt. Diese Methode für fettfreies Garen funktioniert sowohl bei Fleisch und Gemüse als auch bei Spiegeleiern. Bei Spiegeleiern kann man die Hitzezufuhr gleich ausschalten sobald das Ei in die Pfanne gleitet, denn es wird mit der Resthitze der Pfanne fertiggebacken. Eine andere Art in der Pfanne fettfrei zu garen besteht darin, eine Eisenpfanne mit Deckel zu nutzen und Fleisch, Fisch, Geflügel, Tofu oder Gemüse darin im eigenen Saft langsam zu dünsten oder zu braten.

## Garen im Römertopf

Ein Römertopf ist ein unglasierter Tontopf, der vor der Benutzung einige Zeit vollständig in Wasser gelegt werden muss. Der raue Ton nimmt das Wasser auf und gibt es beim Garen durch Verdampfen nach und nach wieder ab, so dass die Speisen schön saftig bleiben. Dazu das Gargut (Fleisch, Gemüse) ohne Fett in den Römertopf geben und den Deckel auflegen. Den geschlossenen Römertopf in den kalten Backofen stellen und dann erst aufheizen. Falls während des Garens Wasser nachgegossen werden muss, kein kaltes nehmen. Nach dem Garvorgang den heißen Römertopf nicht auf eine kalte Fläche, sondern besser auf ein Tuch oder einen Holzuntersetzer stellen, damit der Topf durch den Temperaturwechsel nicht platzt oder reißt.

Eine weitere Methode, fettfrei zu garen, ist die Verwendung eines Bratschlauches. Man füllt ihn, legt ihn auf ein kaltes Backblech und gibt ihn in den vorgeheizten Backofen.

# Zubereitung, Aufbewahrung und Reste

Die Nahrungspläne nach Metabolic Balance geben vor, wie viel Gramm Gemüse und wie viel Gramm Eiweiß pro Mahlzeit verzehrt werden sollen. Bei der Zubereitung der Mahlzeiten bleiben dann entsprechende Reste einzelner Lebensmittel zurück, sofern man nicht gleich mehrere Portionen – etwa einer Brühe oder eines Bratens – zubereitet und portionsweise einfriert.

*Gemüse soll erst kurz vor dem Verzehr geschnitten und zubereitet werden.*

## Gemüse, Rohkost und Salate

Bei **gekochtem Gemüse** kann man die doppelte Menge einer Mahlzeit zubereiten, einen Teil gleich verzehren und den Rest einfrieren oder bis zur nächsten Mahlzeit in den Kühlschrank stellen. Bei **Rohkost, kurz gedünstetem Gemüse** und **Salat** sollte man der Frische wegen lieber immer nur die Portion zubereiten, die als nächstes verzehrt wird. Besonders in den ersten 14 Tagen sollten Gemüse und Obst roh oder nur schonend (kurz) angedünstet werden, um so viele Vitamine wie möglich zu erhalten. Bei **Salat** kann man die gewaschenen und gut abgetropften Blätter in ein feuchtes Küchentuch einschlagen, maximal 1 Tag im Gemüsefach des Kühlschranks lagern und erst vor dem Verzehr in mundgerechte Portionen zupfen. **Angeschnittene Gemüse- und Obststücke** bleiben schön frisch, wenn man sie in ein angefeuchtetes Geschirrtuch wickelt und in das Gemüsefach des Kühlschranks legt.

Selbst gemachte **Gemüsebrühe** kann dazu verwendet werden, Fleisch oder Fisch zu garen. Soll es einmal schnell gehen und hat man keine Gemüsebrühe zur Hand, kann man auch die entsprechende Menge Wasser angießen und viele frische Kräuter (zum Beispiel Petersilie, Kerbel, Schnittlauch) sowie etwas Salz und Pfeffer zugeben, um dem Gericht einen feinen Geschmack zu verleihen.

Zum Würzen mit Essig pro Mahlzeit nur etwa 1 Teelöffel nehmen und am besten mit einem Sprühaufsatz fein versprühen. Nur dunklen Balsamico-Essig verwenden, denn der weiße enthält Zucker. Als Ausnahme kann auch Apfelessig verwendet werden.

Wird nur eine halbe **Avocado** verbraucht, belässt man in der anderen den Kern, da er das Fruchtfleisch vor Oxidation an der Luft bewahrt, deckt sie mit enganliegender Frischhaltefolie ab und lagert sie dann kurzzeitig im Kühlschrank. Oder man bereitet aus der zweiten Hälfte eine Avocadosuppe zu. Dafür das Avocado-Fruchtfleisch mit einer Gabel zerdrücken, mit heißer Gemüsebrühe aufgießen und mit dem Pürierstab sämig rühren. In diese Grundsuppe kann man am nächsten Tag verschiedene Gemüsearten reinschneiden und nochmals kurzzeitig erwärmen.

Bei **Kohlarten** empfiehlt es sich, sie immer nur ganz sanft zu garen, nie zu verkochen, um möglichst viele der wichtigen Inhaltsstoffe zu erhalten. Im Strunk beziehungsweise in den harten Teilen – etwa von Blumenkohl und Brokkoli – befinden sich die meisten blähenden Stoffe, die empfindlichen Personen Probleme bereiten können. Für **Blattgemüse** sollte man schnelle Zubereitungsmethoden, beispielsweise Dünsten und Blanchieren, wählen, um den relativ hohen Nährstoffgehalt zu bewahren.

## Fleisch

Wer Fleisch nicht immer nur als Steak oder in geschnetzelter Form verzehren will, brät einen ganzen Braten, teilt ihn in Portionen und friert diese ein. So hat man immer mal wieder eine schnelle Mahlzeit zur Hand. Bei Verwendung von Fleisch- oder Geflügelbrühe darauf achten, dass diese nur mit derselben Fleischart verwendet wird.

## Roggenknäckebrot

Die Bratensauce wird sämiger, wenn man eine Scheibe Roggenvollkornknäckebrot hineinbröckelt und gut verrührt, zum Beispiel mit einem Pürierstab. Roggenknäckebrot eignet sich auch gut zum Binden von Gemüsesaucen und Frikadellen.

Wenn Zitrone zum Würzen von Fleisch, Fisch, Salaten & Co. verwendet wird, soll zu dieser Mahlzeit kein weiteres Obst mehr gegessen werden, denn Zitrone zählt als Obst.

## Hülsenfrüchte

Sojabohnen, weiße Bohnen und viele andere müssen vor der Zubereitung mehrere Stunden – am besten über Nacht – einweichen. Das kann man abkürzen, indem man die gewaschenen Hülsenfrüchte

*In vielen Ländern sind Hülsenfrüchte Grundnahrungsmittel. Sie liefern wertvolles pflanzliches Eiweiß.*

mit der vierfachen Menge Wasser bedeckt und etwa 2 Minuten gut kochen lässt. Anschließend auf der abgeschalteten Kochstelle noch etwa 40 Minuten quellen lassen. Außerdem garen Hülsenfrüchte in wesentlich kürzerer Zeit, wenn sie erst nach dem Kochen gesalzen werden, da sonst die Schale länger braucht, um weich zu werden. Tofu und andere Sojaprodukte beim Kochen erst zum Schluss dazugeben, damit die wertvollen Inhaltsstoffe erhalten bleiben.

Bei der Auswahl von Joghurt empfiehlt Metabolic Balance Naturjoghurt mit 3,5 bis 3,8 Prozent Fett, da bei fettarmem Joghurt Verdickungsmittel (Kohlenhydrate) zugesetzt sind und diese den Insulinspiegel unnötig belasten.

## Käse und Quark

Mozzarella lässt sich leichter in gleichmäßige Scheiben schneiden, wenn man ihn etwa 10 Minuten im Tiefkühlfach anfriert. Käse hält sich im Kühlschrank länger frisch, wenn man ihn in ein mit Essig getränktes Baumwoll- oder Leinentuch einschlägt. Quark trocknet nach Anbruch der Packung nicht aus, wenn man das Unterteil einer handelsüblichen Butterdose darüber stülpt.

*Käse am Stück hält sich länger frisch als dünn geschnittener.*

## Pilze

Pilze kann man am nächsten Tag noch einmal aufwärmen, wenn das Pilzgericht am Tag der Zubereitung schnell abgekühlt und dann zugedeckt im Kühlschrank aufbewahrt wurde. Am nächsten Tag muss es aber mindestens auf 70 °C erhitzt werden. Trockenpilze sollten möglichst luftig gelagert werden, weshalb man sie nach Anbruch der Verpackung am besten in Leinensäckchen umfüllt. Getrocknete Pilze müssen vor der Zubereitung 30 bis 60 Minuten eingeweicht werden. Hierfür die Pilze in einem Topf mit Wasser bedecken, aufkochen lassen und bei geringer Hitze etwa 20 Minuten leise kochen lassen. Abtropfen, klein schneiden und dem Gericht zufügen. Das Kochwasser kann man zum Verfeinern von Suppen und Saucen verwenden.

## Gewürze

Knoblauch, Ingwer, Chili, Salz und andere Gewürze sollten sparsam verwendet werden. Für eine Mahlzeit reicht in der Regel eine halbe Knoblauchzehe aus.

## Kräuter

Frische Kräuter erst kurz vor der Zubereitung hacken, damit ihr Aroma erhalten bleibt. Wer nicht über einen Kräutergarten oder ein Kräutertöpfchen auf der Fensterbank verfügt, kann Bündel frischer Kräuter kaufen und die überschüssige Menge einfrieren. Besonders Petersilie, Schnittlauch und Dill sind dafür gut geeignet. Dazu die Kräuter klein schneiden, hacken und in Beutel oder Gefrierdosen portionieren. Oder die frischen Zweige einer Kräuterart in einen großen Beutel füllen, schockartig einfrosten, den Beutel kurz herausnehmen und schnell zerreiben. Anschließend wieder einfrieren und diesen Vorgang wiederholen, bis sich die groben Stengel entfernen lassen. Die fein zerriebenen Kräuter kann man dann portionsweise tiefkühlen.

Kräuter helfen dem Organismus auf natürliche Art. So wirkt Oregano appetitanregend, während Koriander als magenstärkend gilt und bei Völlegefühl hilft. Dill und Basilikum beruhigen die Nerven, Petersilie und Estragon entwässern.

Den Eigengeschmack natürlicher
Lebensmittel wieder entdecken und
dabei dem Körper helfen.

# Rezepte zu Metabolic Balance®

Von schlicht bis raffiniert,
einfach nachvollziehbar

# Frühstücksideen

Das Frühstück ermöglicht einen guten Start in den Tag und liefert Energie für die erste Tageshälfte. Um den Stoffwechsel ins Gleichgewicht zu bringen, ist eine regelmäßige Abfolge von Nahrungsaufnahme und Essenspausen wichtig und diese beginnt mit dem Frühstück. Wie bei allen Mahlzeiten nach Metabolic Balance soll auch das Frühstück mit dem Verzehr von Eiweiß beginnen. Dadurch steigen die Blutzucker- und Insulinkurven verzögert an; man fühlt sich satt und startet aktiv in den Tag. Da die Mengen und Lebensmittel auf jeden Metabolic-Balance-Teilnehmer persönlich abgestimmt sind, kann es dabei weder zu Mangelerscheinungen noch zu einer Belastung des Körpers kommen. Ein Tipp: Richten Sie Ihre Speisen schön und appetitlich her, nehmen Sie sich Zeit, essen Sie bewusst und stimmen Sie sich so positiv auf den Tag ein.

Das Frühstück sollte auch am Wochenende nicht zu spät beginnen, um den 5-Stunden-Pausen-Rhythmus zwischen den drei täglichen Mahlzeiten einhalten zu können.

*Zum Frühstück kann man beispielsweise Eier, Milch oder Käse als Eiweißportion verzehren.*

# Joghurt mit Obst

**Für 1 Portion**

grüner Tee

1 Portion Naturjoghurt

1 Portion Obst (z. B. Apfel)

**Zubereitung**

1. Die Teeblätter in eine Kanne geben. Wasser aufkochen und in die Kanne gießen. Den Tee 1 bis 3 Minuten ziehen lassen.
2. Den Joghurt in ein Schälchen geben.
3. Den Apfel waschen, das Kerngehäuse entfernen und das Fruchtfleisch in Stücke schneiden. Die Apfelstücke unter den Joghurt mischen. Zuerst ein bis zwei Löffel Joghurt ohne Apfel essen.
4. Dazu den grünen Tee trinken.

**Tipp** Den Apfel raspeln oder **Beeren** – ganz oder püriert – wählen.

# Frühstücksei

**Für 1 Portion**

1 Portion Ei

1 Portion Gemüse (70 g Artischocken aus dem Glas, 4 schwarze Oliven, Rest Gurke)

1 Apfel

**Zubereitung**

1. Ei mit einem Eierpick am runden Ende anstechen, mit einem Löffel in kochendes Wasser legen und im offenen Topf leise kochen lassen. Nach 5 bis 6 Minuten (weiches Ei) oder nach 8 bis 10 Minuten (hartes Ei) herausheben und unter kaltem Wasser abschrecken. Das Ei abkühlen lassen, schälen und vierteln.
2. Artischocken und Oliven abtropfen lassen. Gurke in Stücke schneiden. Artischocken, Oliven und Gurke auf einem Teller anrichten und mit den Eivierteln verzieren. Erst etwas Ei essen, dann das Gemüse.
3. Den Apfel entkernen und als Nachspeise genießen.

**Tipp** Als Nachtisch kann man statt eines Apfels auch eine Portion **anderes Obst** nach Plan verzehren. Die Artischocken aus dem Glas sollten nur in Salzwasser eingelegt sein.

**Für 1 Portion**
1 Portion Haferflocken
1 Apfel oder Birne
gemahlener Zimt
1 Portion Magermilch

# Haferflocken mit Zimt

**Zubereitung**

**1.** Die Haferflocken mit 50 Milliliter heißem Wasser übergießen und kurz quellen lassen.

**2.** Den Apfel oder die Birne waschen, entkernen und in kleine Stücke schneiden. In einer Pfanne bei niedriger Temperatur mit wenig Wasser andünsten und mit Zimt würzen.

**3.** Die Milch erwärmen, ein wenig zum Trinken beiseite stellen und den Rest unter die Haferflocken rühren. Das Obst unterheben.

**Tipp** Eine Grundregel von Metabolic Balance besagt, dass jede Mahlzeit mit der Eiweißkomponente begonnen wird und erst dann die Lebensmittel verzehrt werden, die Stärke oder Zucker enthalten. Somit sollte man dieses Frühstück mit einem Schluck Milch beginnen.

**Für 1 Portion**
1 Portion Erdbeeren
1 Portion Milch

# Erdbeer-Milchshake

**Zubereitung**

**1.** Die Erdbeeren putzen, in grobe Stücke schneiden und im Mixer zerkleinern.

**2.** Die Milch fast vollständig zu den Erdbeeren gießen und alles zusammen mixen.

**3.** Den restlichen Schluck Milch vorab trinken.

**Tipp** Solch ein fruchtiger Milchshake schmeckt auch mit anderem Obst sehr gut, etwa mit **Himbeeren** oder **Mango.** Statt Milch kann auch **Sojamilch** verwendet werden.

# Belegtes Brot mit Schinken

**Für 1 Portion**

1 Portion Schinken

1 Portion Roggenknäckebrot (oder Roggenvollkornbrot ab Phase 3)

1/2 Tomate

**Zubereitung**

1. Den Schinken bis auf einen kleinen Happen, der vorweg gegessen wird, auf das Brot legen.
2. Die Tomatenhälfte waschen, putzen, in Scheiben schneiden und auf den Schinken legen.

**Tipp** Als alternative Eiweißquelle können **Mozzarella,** ein hart gekochtes **Ei, Kräuterquark** oder **Frischkäse** mit Schnittlauch zum Belegen genommen werden; pro Mahlzeit allerdings nur eine Eiweißart! Gemüse dagegen darf und soll sogar gemischt werden. Je nach individueller Nahrungsliste kann man etwa **Gurke, Blattsalat, Paprikaschote, Champignons** und/oder **Avocado** wählen.

# Porridge mit Himbeerpüree

**Für 1 Portion**

1 Portion Haferflocken

Salz

1 Portion Magermilch

1 Portion Himbeeren

**Zubereitung**

1. Haferflocken mit 50 Milliliter kaltem Wasser und Salz in einen Topf geben und unter Rühren aufkochen. Gut zwei Drittel der Milch zufügen, einmal aufkochen lassen, die Hitze reduzieren und die Haferflocken kurz quellen lassen.
2. Inzwischen die Himbeeren putzen, kurz aufkochen und pürieren.
3. Zunächst die restliche Milch trinken und anschließend den Porridge mit dem Obstpüree verzehren.

**Tipp** Statt Himbeeren können nach dem individuellen Nahrungsplan auch andere **Beeren** zubereitet werden. Gerne auch roh, denn rohes Fruchtpüree entfaltet ein unvergleichliches Aroma.

# Gemüse und Salate

Die Stoffwechselregulierung nach Metabolic Balance führt zu einer Gewichtsregulierung, fördert nachhaltig die Gesundheit, verbessert das allgemeine Wohlbefinden und steigert die Leistungsfähigkeit von Körper und Psyche. Mit seinen Vitaminen, Mineralien und sekundären Pflanzenstoffen trägt Gemüse einen großen Teil zur Gesunderhaltung des Organismus bei. Besonders in den ersten 14 Tagen der Ernährungsumstellung sollte Gemüse deshalb roh oder nur schonend (kurz) in ganz wenig Wasser angedünstet werden. Dabei aber nicht vergessen: Vor jeder Suppe, jedem Salat oder jeder Gemüsemahlzeit etwas Eiweiß (in Form von Ei, Fisch, Fleisch, Hülsenfrüchten, Sprossen, Käse, Shiitakepilzen, Austernpilzen, Tofu, Körnermischung) verzehren! Damit wird einem schnellen Anstieg des Blutzuckerspiegels und seinem entsprechenden Insulinspiegel entgegengewirkt.

Die Mengenangaben der Portionen in dem persönlichen Mahlzeitenplan beziehen sich auf geputztes Gemüse.

*Eine bunte Gemüseauswahl versorgt den Körper mit einer Vielzahl von Vitalstoffen.*

# Klare Gemüsebrühe

**Für 1 Portion**

1 Portion Gemüse (Sellerieknolle, Sellerieblätter, Kohlrabi, Möhre, Petersilienwurzel, Frühlingszwiebel, grüne Bohnen, Weißkohl, Zwiebel)

Schnittlauch oder Petersilie

Salz

frisch gemahlener Pfeffer

**Zubereitung**

**1.** Das Gemüse waschen, putzen und in Würfel oder in Streifen schneiden. In einen entsprechend großen Topf geben und mit 1/2 Liter Wasser bedecken.

**2.** Den Topfinhalt zum Kochen bringen, die Hitzezufuhr reduzieren und die Brühe mit aufgelegtem Deckel etwa 30 Minuten leise sieden lassen.

**3.** Die Brühe durch ein feines Sieb oder ein Baumwolltuch gießen. Wird sie gleich verwendet, die Kräuter waschen, den Schnittlauch in Röllchen schneiden beziehungsweise die Petersilie hacken und in die Brühe geben. Mit Salz und Pfeffer würzen.

**Tipp** Zum Aufbewahren die Brühe möglichst heiß in Gläser mit Schraubverschluss füllen, diese sofort mit Deckeln verschließen und abkühlen lassen. Die klare Gemüsebrühe ist im Kühlschrank 3 bis 5 Tage haltbar. Die Brühe kann auch eingefroren werden, dann aber bitte kein Salz zugeben! Dafür die erkaltete Brühe portionsweise in Gefrierdosen oder Gefrierbeutel füllen und einfrieren. Diese klare Gemüsebrühe dient als Basis für Suppen und Eintöpfe sowie zum Garen von Gemüse, wobei man pro Portion Suppe 300 Milliliter und pro Portion Gemüse je nach Bedarf 50 bis 150 Milliliter benötigt. Die Brühe kann auch zum Garen von Fleisch oder Fisch verwendet werden. Eine Gemüsebrühe kann auch aus einer am Topfboden vorab gebräunten **Zwiebelhälfte** sowie **Möhre, Porree, Sellerie** und **Fenchel** zubereitet und mit Ingwer, Knoblauch, Thymian, Rosmarin, Oregano, Majoran, Petersilie und Pfefferkörnern gewürzt werden. Bei längerem Kochen empfiehlt es sich, einen Teil des Gemüses erst zur Hälfte der Garzeit zuzugeben, um das frische Aroma zu erhalten.

# Kürbissuppe

**Für 1 Portion**

1 Portion Gemüse (Kürbis, Möhre)

Salz

frisch gemahlener Pfeffer

Muskatnuss oder Majoran

**Zubereitung**

1. Den Kürbis schälen, die Kerne entfernen und das Fruchtfleisch in grobe Würfel schneiden.
2. Die Möhre schälen und in grobe Stücke schneiden.
3. Kürbis und Möhre in einen Topf geben, mit Wasser bedecken und leicht salzen. Etwa 30 Minuten bei mittlerer Hitze kochen lassen, dabei ab und zu umrühren; nach Bedarf etwas Wasser nachgießen.
4. Das weichgekochte Gemüse von der Kochstelle nehmen und im Topf pürieren. Unter Rühren erneut kurz aufkochen lassen und mit Salz, Pfeffer und Muskatnuss oder Majoran würzen.

**Tipp** Statt mit Muskatnuss mit Currypulver, Ingwer und Balsamico-Essig würzen. Vorab zum Beispiel geröstete Körnermischung essen.

# Kohlrabisuppe

**Für 1 Portion**

1 Portion Gemüse (Kohlrabi, Zwiebel)

(Öl ab Phase 3)

etwa 300 ml Gemüsebrühe (S. 43)

Salz

frisch gemahlener Pfeffer

Petersilie

Liebstöckel (Maggikraut)

**Zubereitung**

1. Kohlrabi schälen und in kleine Streifen schneiden. Zwiebel abziehen und fein würfeln.
2. Einen Topf mit wenig Wasser (Öl ab Phase 3) erhitzen und Zwiebel und Kohlrabi darin glasig dünsten. Mit der Brühe ablöschen.
3. Alles zum Kochen bringen, mit Salz und Pfeffer würzen und bei mittlerer Hitze zugedeckt 8 bis 10 Minuten kochen lassen.
4. Petersilie und Liebstöckel waschen, fein hacken und vor dem Verzehr auf die Suppe geben.

**Tipp** Statt Kohlrabi **Zucchini** verwenden. Vorab gekochtes Ei essen.

# Spargelsuppe

**Für 1 Portion**

**1 Portion Gemüse (grüner Spargel, Avocado)**

**1 TL Apfelessig**

**1 Hand voll gehackter Sauerampfer**

**frisch gehackte Petersilie**

**Salz**

**weißer Pfeffer**

## Zubereitung

1. Spargel waschen, das untere Drittel schälen und holzige Enden abschneiden. Spargelschalen und -enden mit Wasser bedecken, aufkochen und bei schwacher Hitze 15 bis 20 Minuten kochen.
2. Den Spargel in Stücke schneiden und die Spitzen beiseite legen.
3. Die Spargelbrühe abseihen, etwa 300 Milliliter für die Suppe abmessen und zurück in den Topf geben. Die Spargelabschnitte zufügen und etwa 7 Minuten bei schwacher Hitze leise kochen. Spargelspitzen zugeben und 3 Minuten mitgaren.
4. Die Avocado schälen, entkernen und das Fruchtfleisch mit dem Essig fein pürieren.
5. Die Suppe von der Kochstelle nehmen. Das Avocadopüree und die Kräuter unterrühren. Die Suppe mit Salz und Pfeffer würzen.

*Die Avocado verleiht der Spargelsuppe ihre angenehme Sämigkeit.*

# Italienische Kohlsuppe

**Für 1 Portion**

1 Portion Gemüse (Möhre, Brechbohnen, Weißkohl, 1 EL gewürfelte Zwiebel, 1/2 Tomate, Paprikaschote)

1 kleine Chilischote

1/2 Knoblauchzehe

(Öl abPhase 3)

Salz

300 ml Gemüsebrühe (S. 43)

Thymian

Basilikum

Salbei

Balsamico-Essig

**Zubereitung**

1. Möhre und Bohnen putzen und klein schneiden. Kohlblätter fein zupfen. Chilischote fein hacken. Knoblauch abziehen.
2. Zwiebel und Knoblauch mit etwas Wasser (mit Öl ab Phase 3) anschwitzen. Nacheinander Möhre und Bohnen je 1 Minute mitschwitzen und zuletzt den Kohl zugeben. Mit Salz und Chili würzen.
3. Das Gemüse mit Brühe bedecken, aufkochen und die Kräuter einlegen. Die Hitzezufuhr reduzieren und die Suppe zugedeckt 5 Minuten ziehen lassen. Knoblauch entfernen.
4. Tomate häuten und klein schneiden. Paprikaschote putzen und würfeln. Beides mit den Kräutern in die Suppe geben. Mit Salz und Essig würzen. Weitere 5 Minuten ziehen lassen.

**Tipp** Vorab zum Beispiel gegrillten Räuchertofu essen.

# Brokkolisuppe

**Für 1 Portion**

1 Portion Brokkoli

300 ml Gemüsebrühe (S. 43)

Salz

frisch gemahlener Pfeffer

Muskatnuss oder Galgant

**Zubereitung**

1. Brokkoli waschen, putzen und in langstielige Röschen teilen.
2. Die Gemüsebrühe in einem Topf aufkochen, den Brokkoli einlegen und bei mittlerer Hitze in etwa 8 Minuten weich kochen.
3. Einige Röschen abnehmen und den Rest pürieren. Die Röschen wieder dazugeben und die Suppe kräftig würzen.

**Tipp** Solch eine Gemüsesuppe lässt sich auch mit **Blumenkohl, Zucchini** oder **Fenchel** schnell zubereiten. Vorab etwas Eiweiß essen, etwa Geflügel, Schafkäse oder Räucherfisch.

# Thai-Suppe

**Zubereitung**

**1.** Knoblauch abziehen, Ingwer schälen und beides fein hacken. Pilze abreiben, Stiele entfernen und die Köpfe in dünne Scheiben schneiden. Gemüse waschen und putzen. Spinat grob hacken, Frühlingszwiebel in feine Ringe schneiden, Kirschtomaten halbieren. Zitronengras oder Zitronenmelisse fein hacken.

**2.** Knoblauch, Ingwer und Pilze in einem heißen Topf (mit Öl ab Phase 3) etwa 2 Minuten anbraten. Mit Brühe oder Wasser aufgießen, aufkochen und 5 Minuten leise kochen lassen. Gemüse und Kräuter in die Suppe geben und 2 bis 3 Minuten bei schwacher Hitze ziehen lassen. Mit Essig, Salz und Pfeffer würzen. Zuerst etwas Pilze essen.

**Tipp** Pilze durch (Räucher-)**Tofu** oder anderes Eiweiß ersetzen.

**Für 1 Portion**

- 1 Knoblauchzehe
- etwas Ingwer
- 1 Portion frische Shiitake-Pilze
- 1 Portion Gemüse (Blattspinat, Frühlingszwiebel, Kirschtomaten)
- Zitronengras oder Zitronenmelisse
- (Öl ab Phase 3)
- 300 ml Gemüsebrühe (S. 43)
- Balsamico-Essig
- Salz, Pfeffer

# Salatsuppe

**Zubereitung**

**1.** Die Zwiebel abziehen und fein würfeln. Den Kopfsalat verlesen, waschen und zerpflücken.

**2.** Einen Topf mit etwas Wasser erhitzen und die Zwiebelwürfel darin glasig dünsten. Den Kopfsalat dazugeben.

**3.** Mit der Brühe auffüllen und mit einem Handmixer pürieren.

**4.** Die Suppe nochmals kurz erhitzen und mit Salz, Pfeffer und Muskatnuss würzen.

**Tipp** Die Suppe mit frischen Kräutern (Petersilie, Schnittlauch, Dill oder Koriander) verfeinern. Vorab Roastbeef verzehren.

**Für 1 Portion**

- 1 Portion Gemüse (Zwiebel, Kopfsalat)
- etwa 300 ml Gemüsebrühe (S. 43)
- Salz
- frisch gemahlener Pfeffer
- Muskatnuss

# Okras auf hawaiianische Art

**Für 1 Portion**

1 Portion Gemüse (Okras, 1/2 Tomate, 1 EL gewürfelte Zwiebel)

1/2 Knoblauchzehe

1 Stück Ingwer

(Öl ab Phase 3)

Kreuzkümmel

gemahlener Koriander

Paprikapulver

Kurkuma

1 EL Kokosmilch

Salz

**Zubereitung**

1. Okras waschen, putzen und in etwa 2 Zentimeter lange Stücke schneiden. Tomate grob stückeln. Knoblauch abziehen und fein schneiden. Ingwer schälen und fein reiben.
2. Eine Pfanne mit etwas Wasser (Öl ab Phase 3) erhitzen und die Zwiebelwürfel darin goldbraun anbraten. Knoblauch und Ingwer zufügen und unter ständigem Rühren etwa 5 Minuten anbraten.
3. Alle Gewürze dazugeben und kurz mitbraten. Die Okras zufügen und alles zusammen weitere 3 Minuten anbraten.
4. Tomatenstücke und Kokosmilch zugeben. Alles vermischen, leicht salzen und zum Kochen bringen. Die Okras zugedeckt bei schwacher Hitze etwa 25 Minuten leise kochen lassen, bis sie weich sind. Dabei nach Bedarf etwas Wasser zugießen.

*Gegrilltes Fleisch ist ein feiner Begleiter zu diesem Okragericht.*

# Rotkraut

**Für 1 Portion**

1 Portion Gemüse (Rotkohl, 1 EL gewürfelte Zwiebel)

1/2 Apfel

150 ml Gemüsebrühe (S. 43)

Salz, Pfeffer

1 Messerspitze Nelkenpulver

1 kleines Lorbeerblatt

1 TL Balsamico- oder Apfelessig

**Zubereitung**

1. Rotkohl putzen, waschen und in feine Streifen hobeln. Apfel schälen und in kleine Würfel schneiden.
2. Einen Topf mit etwas Wasser erhitzen und die Zwiebelwürfel darin kurz anbraten. Rotkohl dazugeben und 2 bis 3 Minuten mitbraten. Mit der Brühe ablöschen und die Apfelstücke zufügen. Zugedeckt etwa 30 Minuten leise kochen lassen, dabei gelegentlich umrühren.
3. Salz, Pfeffer, Nelkenpulver und Lorbeerblatt zugeben. Wenn nötig, die verdampfte Brühe durch Wasser ersetzen. Etwa 20 Minuten weiterkochen, bis das Rotkraut weich ist.
4. Mit Essig würzen und nach Bedarf salzen. Etwa 5 Minuten ruhen lassen.

**Tipp** Schmeckt köstlich zu Braten, beispielsweise Gänsebraten.

# Pastinakengemüse

**Für 1 Portion**

1 Portion Gemüse (Pastinake, 2 EL gewürfelte Zwiebel)

200 ml Gemüsebrühe (S. 43)

Salz

frisch gemahlener Pfeffer

Currypulver

Paprikapulver nach Belieben

Petersilie

**Zubereitung**

1. Pastinake waschen, schälen und in Scheiben schneiden.
2. Einen Topf mit wenig Wasser erhitzen und die Zwiebelwürfel darin andünsten. Die Pastinakenscheiben zufügen. Brühe oder Wasser aufgießen, würzen und zugedeckt 5 bis 10 Minuten kochen lassen.
3. Petersilie waschen, trockenschleudern, fein hacken und über das Gemüse geben.

**Tipp** Dieses Gemüse kann mit Fleisch, Fisch oder Hülsenfrüchten kombiniert oder durch die Zugabe von anderem Gemüse variiert werden.

# Chicorée

**Für 1 Portion**

1 Portion Gemüse (Chicorée, 1/2 gehäutete Tomate)

Salz

**Zubereitung**

1. Chicorée putzen, dabei den bitteren Kern am stumpfen Ende mit einem spitzen Messer keilförmig ausschneiden. Kleine und mittlere Stauden ganz lassen, sehr dicke halbieren. Die Tomate würfeln.
2. Etwa 200 Milliliter Wasser mit etwas Salz in einem Topf erhitzen und den Chicorée darin zugedeckt 3 bis 5 Minuten kochen lassen. Herausheben und abtropfen lassen.
3. Die Tomatenwürfel zugeben.

**Tipp** Hierzu schmeckt eine Körnermischung (Tipp S. 138), die kurz in einer heißen Pfanne ohne Fett angeröstet wird. Wer mag, kann Chicorée auch mit Ziegen- oder Schafkäse überbacken und erhält damit ebenfalls eine komplette Mahlzeit aus Gemüse- und Eiweißportion.

*Die in Chicorée enthaltenen Bitterstoffe unterstützen den Stoffwechsel und die Verdauung.*

# Guacamole

**Für 1 Portion**

1 Portion Gemüse (Avocado, Tomate)

Zitronensaft

1 kleine Knoblauchzehe

Salz

### Zubereitung

**1.** Avocado schälen, entsteinen und das Fruchtfleisch mit einer Gabel zerdrücken. Sofort mit Zitronensaft beträufeln, damit es nicht an der Luft oxidiert und sich dunkel verfärbt.

**2.** Die Tomate waschen, putzen und fein würfeln. Den Knoblauch abziehen und fein hacken. Beides unter das Avocadomus mischen und leicht salzen.

**Tipp** Diese raffinierte Zubereitung gewinnt durch den Zitronensaft eine angenehme Frische. Da Zitrone bei Metabolic Balance aber zum Obst zählt, sollte man zu dieser Mahlzeit dann kein zusätzliches Obst essen. Guacamole passt besonders gut zu kurzgebratenem oder gegrilltem Fleisch sowie zu Räucherfisch.

# Brokkoli-Avocado-Salat

**Für 1 Portion**

1 Portion Gemüse (Brokkoli, Avocado)

Salz

1 TL Zitronensaft

1 kleine Knoblauchzehe

frisch gemahlener Pfeffer

(Öl ab Phase 3)

Balsamico-Essig

### Zubereitung

**1.** Brokkoli in Röschen teilen, für etwa 3 Minuten in kochendes Salzwasser geben, herausheben und unter kaltem Wasser abspülen.

**2.** Die Avocado halbieren, schälen und jede Hälfte in 8 Streifen schneiden. Sofort Zitronensaft darüber träufeln.

**3.** Brokkoli und Avocado abwechselnd auf einem Teller anrichten.

**4.** Knoblauch abziehen und durch eine Knoblauchpresse drücken. Mit Pfeffer, Salz, (Öl ab Phase 3) und Essig vermischen. Das Dressing über die Salatzutaten geben.

**Tipp** Schmeckt gut zu Fisch, etwa Räucherlachs, oder Grillsteak.

# Möhren-Kraut-Salat

**Für 1 Portion**

1 Portion Gemüse (Weiß- oder Rotkohl, Möhre)

Salz

frischer Dill

Apfel- oder Balsamico-Essig

(Olivenöl ab Phase 3)

frisch gemahlener Pfeffer

**Zubereitung**

1. Den Kohl waschen, längs vierteln und den Strunk ausschneiden. Die Krautstücke mit einem Messer oder Hobel in dünne Streifen schneiden. Die Kohlstreifen in eine Salatschüssel geben, mit etwas Salz bestreuen und kräftig durchkneten, bis sie glasig aussehen.
2. Möhre waschen, schälen, in dünne Streifen schneiden oder hobeln und unter den Kohl mischen. Dill waschen, Blättchen fein schneiden und mit dem Salat vermischen.
3. Essig (und Öl ab Phase 3) darüber träufeln, mit Pfeffer bestreuen und durchmischen. Bis zum Servieren 15 Minuten ziehen lassen.

**Tipp** Dieser Salat ist empfehlenswert zu Steak oder Gegrilltem.

# Spargelsalat

**Für 1 Portion**

1 Portion weißer oder grüner Spargel

Balsamico-Essig

(Öl ab Phase 3)

Minze- oder Zitronenmelisseblätter

Salz, Pfeffer

1 Portion Erdbeeren

**Zubereitung**

1. Spargel schälen und etwa 10 Minuten im Salzwasser bissfest garen. Herausnehmen und abtropfen lassen.
2. Inzwischen Essig, (Öl ab Phase 3) und 1 Esslöffel Spargelkochwasser verrühren. Die Minze- oder Zitronenmelisseblätter waschen, fein hacken und dazugeben. Das Dressing mit Salz und Pfeffer würzen.
3. Die Erdbeeren waschen, putzen und nach Bedarf zerkleinern.
4. Erdbeeren und Spargel auf einem Teller anrichten und mit dem Dressing beträufeln.

**Tipp** Der Salat kann auch mit **Rucola** erweitert und durch andere **Beeren** variiert werden. Köstlich zu Roastbeef.

# Sauerkrautsalat

**Für 1 Portion**

1 Portion Gemüse (grüner Salat, ungesüßtes Sauerkraut)

Balsamico-Essig

**Zubereitung**

**1.** Salat waschen, putzen und anrichten. Mit wenig Balsamico-Essig besprühen. Gekochtes, abgekühltes Sauerkraut darauf anrichten.

**Tipp** Sauerkrautsalat lässt sich auch mit rohem Sauerkraut vom Fass zubereiten. Dafür unter eine Portion Sauerkraut 1 Esslöffel Zwiebelwürfel, Pfeffer, gemahlenen Kümmel oder Majoran mischen und gut 10 Minuten durchziehen lassen. Übrigens: Gekochtes Sauerkraut, mit Senfpulver gewürzt, schmeckt super zu gegrilltem Räuchertofu.

# Selleriesalat mit Apfel

**Für 1 Portion**

1 Portion Sellerie

1 Apfel

Salz

frisch gemahlener Pfeffer

Balsamico- oder Apfel-Essig

**Zubereitung**

**1.** Sellerie waschen, putzen, schälen und fein hobeln.

**2.** Apfel entkernen und das Fruchtfleisch fein raspeln. Zum Sellerie geben und mit Salz, Pfeffer und Essig würzen.

**3.** Alles durchmischen und mindestens 10 Minuten ziehen lassen.

**Tipp** Statt Sellerie **Rettich** oder **Möhre** verwenden. Der Salat mundet gut zu gedünstetem Fisch. Dazu kein weiteres Obst essen!

# Gurkensalat

**Für 1 Portion**

1 Portion Gurke

Dill, Salz, Pfeffer

Balsamico-Essig

**Zubereitung**

**1.** Gurke putzen und in feine Scheiben schneiden oder hobeln.

**2.** Mit Dill, Salz, Pfeffer und Essig würzen. Ideal zu Grillsteak.

# Fenchel-Apfel-Salat

**Für 1 Portion**
1 Portion Fenchel
1 Apfel
1 TL Balsamico-Essig
Salz
frisch gemahlener Pfeffer

**Zubereitung**

1. Fenchel putzen und grob raspeln. Apfel vom Kerngehäuse befreien und das Fruchtfleisch ebenfalls grob raspeln. Beides vermischen.
2. Mit wenig Essig besprühen und mit Salz und Pfeffer würzen.

**Tipp** Dazu passen Räuchertofu oder Fleisch vom Sandwichgrill.

# Endiviensalat mit Orangenfilets

**Für 1 Portion**
1 Portion Endiviensalat
1 Orange
Salz
frisch gemahlener Pfeffer
Balsamico- oder Apfel-Essig

**Zubereitung**

1. Endiviensalat waschen, putzen und in feine Streifen schneiden.
2. Die Orange schälen und filetieren. Die Filets in kleine Stücke schneiden und zum Salat geben.
3. Mit Salz, Pfeffer und Essig würzen und alles gut durchmischen.

**Tipp** Zu dieser Mahlzeit kein weiteres Obst essen. Mit gedünstetem Fisch kombinieren.

# Auberginenmus

**Für 1 Portion**
1 Portion Gemüse (Aubergine, Avocado)
Salz, Pfeffer

**Zubereitung**

1. Aubergine waschen, putzen und in Würfel schneiden. In Salzwasser dünsten, bis sie weich ist und in eine Schüssel geben.
2. Das Fruchtfleisch der Avocado mit einem Löffel aus der Schale lösen und zur Aubergine geben. Mit einem Mixstab fein pürieren. Mit Salz und Pfeffer würzen. Köstlich zu Räucherfisch.

# Aufstrich mit Pilzen

**Für 1 Portion**

1 Portion frische oder getrocknete Shiitake-Pilze

Salz

1 Portion Gemüse (Zwiebel, Avocado)

1 Knoblauchzehe

Kräuter nach Belieben

frisch gemahlener Pfeffer

**Zubereitung**

**1.** Getrocknete Pilze nach Packungsangabe 1 bis 2 Stunden einweichen. Aus dem Einweichwasser nehmen, klein schneiden und in Salzwasser kochen. Frische Pilze putzen. Pilze in eine Schüssel geben.

**2.** Zwiebel und Knoblauch abziehen, fein würfeln und in die Schüssel geben. Kräuter waschen, trockenschleudern und grob hacken.

**3.** Avocado entkernen, das Fruchtfleisch mit einem Löffel aus der Schale heben und mit den Kräutern in die Schüssel geben. Mit einem Mixstab alles fein pürieren und mit Pfeffer würzen.

**Tipp** Der Shiitake-Pilz zählt als Eiweißlieferant, von dem ein kleiner Happen vor der Aufstrichmahlzeit gegessen werden soll. Deshalb von den geschnittenen Pilzen ein wenig vor dem Pürieren zur Seite legen.

*Endiviensalat mit Orangenfilets – ein erfrischender Genuss.*

# Gemüsemischungen

Würzige Aufstriche und Dips aller Art eignen sich auf ideale Weise, um sowohl Rohkost als auch gekochtes Gemüse würzig und appetitanregend zu begleiten. Viele Gemüsearten können roh verzehrt werden, andere werden vorab blanchiert, bissfest gedünstet oder gekocht. Auch die als Eiweißmahlzeit geltenden Shiitake- oder Austernpilze sind super Zutaten für Salate und geschnetzeltes Gemüse aus dem Wok. Sie werden vor der Zubereitung lediglich geputzt, gewaschen und mit Küchenkrepp abgerieben. Sie schmecken auch gut, nur mit Salz und Pfeffer gewürzt, im Sandwichgrill oder in der Pfanne mit wenig Wasser zubereitet.

Auch Salate aus gekochtem Gemüse eignen sich gut, um im Büro oder unterwegs als Mittagsmahlzeit verzehrt zu werden.

Folgende Kombinationen aus rohen und blanchierten Zutaten überzeugen und können je nach individuellem Nahrungsmittelplan zusammengestellt werden:

1. Feldsalat oder Kresse, Möhre, Radieschen oder Rettich, Kohlrabi
2. Spinat, Sellerie, Meerrettich, Rote Bete oder Rotkraut
3. Kopfsalat, Tomate, Gurke, Rettich oder Blumenkohl
4. Kopfsalat, Gurke, Rettich, Möhre, Meerrettich
5. Blattsalat, Möhre, Sauerkrautsalat, Sellerie
6. Chicorée, Meerrettich, Rote Bete, Möhre, Blumenkohl
7. Endiviensalat, Tomate, Paprikaschote, Möhre, Sellerie mit Apfel
8. Chicorée, Porree, Möhre oder Rote Bete, Sellerie, Rosenkohl
9. Champignons, Tomate, Gurke, Möhre, Blattsalat nach Wahl
10. Tomate, Paprikaschote, Gurke, Sellerie, Blattsalat oder Weiß- oder Rotkrautsalat
11. Spargel, Sellerie, Apfel, Weißkraut (mit Kümmel oder Dill)
12. Rotkraut, Möhre, Blumenkohl, Brokkoli, Chicorée, grüne Bohnen (mit Bohnenkraut gewürzt)

*Salate und Rohkost appetitlich und in guter Farbzusammenstellung angerichtet bringen Abwechslung in den Speiseplan.*

# Eier

Das Hühnerei ist ein hochwertiges Nahrungsmittel, das neben allen lebensnotwendigen Aminosäuren zum Aufbau von körpereigenem Eiweiß (Protein) wichtige Fette, wie das phosphorhaltige Lecithin, enthält. Darüber hinaus liefern Eier viele Mineralstoffe, beispielsweise Natrium, Kalium, Kalzium, Phosphor, Magnesium, Eisen und Schwefel sowie Vitamin C. Der Geschmack und Nährstoffgehalt von Eiern hängt von der Art der Tierhaltung und der Fütterung ab, weshalb man beim Einkauf mehr auf Qualität statt auf Quantität achten soll. Für Metabolic Balance sind Eier eine bedeutende Eiweißquelle, da sie eine höhere biologische Wertigkeit aufweisen als Milch, Fleisch oder Fisch und in ihrer Zusammensetzung leichter verdaulich und gut bekömmlich sind. Bei Metabolic Balance wird die Menge der Eier, die wöchentlich gegessen werden kann, im Plan angegeben.

Cholesterin ist ein wichtiger Baustein für viele Hormone, die Körperzellwände und das Nervengewebe.

*Eier sind in der Küche vielseitig verwendbar und sorgen für lange Sättigungsphasen.*

# Rührei mit Tomate

**Für 1 Portion**

- 1 Portion Ei
- Salz
- weißer Pfeffer
- 1 Portion Gemüse (Tomate, nach Bedarf Spinat und 1 Salatblatt)
- Schnittlauch oder Petersilie
- Roggenknäckebrot nach Bedarf

**Zubereitung**

1. Ei verquirlen, salzen und pfeffern. Tomate waschen, putzen und würfeln. Nach Bedarf den Spinat waschen und etwas klein schneiden. Das Salatblatt waschen und abtropfen lassen. Kräuter waschen, den Schnittlauch in Röllchen schneiden beziehungsweise die Petersilie fein hacken.
2. Eine Pfanne erhitzen und die Tomatenstücke und nach Bedarf den Spinat mit etwas Wasser darin erhitzen. Das verquirlte Ei zufügen und alles unter Rühren zu Rührei braten.
3. Das Rührei entweder auf Knäckebrot oder dem Salatblatt anrichten und mit den Kräutern garnieren. Zuerst etwas Ei essen.

# Spiegelei mit Pilzen

**Für 1 Portion**

- 1 Portion Gemüse (Pilze, Zwiebel)
- Petersilie
- Kümmel
- 1 Portion Ei
- Salz
- weißer Pfeffer

**Zubereitung**

1. Pilze putzen und in Streifen schneiden. Zwiebel abziehen und fein würfeln. Petersilie waschen, trockenschleudern und fein hacken.
2. Einen Topf erhitzen und die Zwiebelwürfel und die Pilze darin mit wenig Wasser und etwas Kümmel dünsten.
3. Eine Pfanne erhitzen. Ei aufschlagen, vorsichtig in die Pfanne gleiten lassen und zu einem Spiegelei ausbraten.
4. Pilze und Spiegelei auf einem Teller anrichten. Mit Salz und Pfeffer würzen und mit Petersilie garnieren.

**Tipp** Nach Metabolic Balance gelten Shiitake- und Austernpilze als Eiweiß und sollen deswegen nicht in einer Mahlzeit mit Eiern verwendet werden.

# Rührei mit Champignons

**Für 1 Portion**
1 Portion Ei
Salz
frisch gemahlener Pfeffer
Kümmel
1 Portion Gemüse (Champignons, 1 Salatblatt)

**Zubereitung**

**1.** Ei verquirlen und mit Salz, Pfeffer und Kümmel würzen. Champignons putzen und in kleine Scheiben schneiden.

**2.** Eine Pfanne erhitzen und die Pilze darin mit etwas Wasser anbraten. Das verquirlte Ei darüber geben und alles unter Rühren zu Rührei braten.

**3.** Das Salatblatt waschen, abtropfen lassen und auf einen Teller legen. Das Rührei darauf anrichten. Zuerst einen Happen Ei essen.

# Verlorene Eier

**Für 1 Portion**
100 ml Apfelessig zum Pochieren
1 Portion sehr frische Eier
Salz

**Zubereitung**

**1.** 1 Liter Wasser mit dem Essig in einem Topf aufkochen, die Hitzezufuhr leicht reduzieren und das Wasser konstant unter dem Siedepunkt halten.

**2.** Jedes Ei einzeln in eine kleine Schale oder Schöpfkelle aufschlagen und in das siedende Wasser gleiten lassen. Nach Bedarf mit einem Löffel das Eiweiß an den Eidotter pressen. Etwa 5 Minuten ziehen lassen. Herausnehmen und in eiskaltes Wasser tauchen.

**Tipp** Der Essig im Kochwasser bewirkt ein Zusammenziehen des Eiweißes. Salz dagegen würde die Eiweißgerinnung behindern. Das Eiweiß soll fest werden und das Eigelb innen noch flüssig bis weich sein. Will man die Eier warm verzehren, legt man sie nach dem Garen in lauwarmes Salzwasser. Verlorene Eier kann man als Frühstück auf Roggenknäckebrot genießen. Sie eignen sich auch als Beilage zu einem Gemüsegericht oder als Einlage in eine Gemüsesuppe.

*Avocado-Ei-Aufstrich schmeckt auch zum Frühstück gut.*

# Avocado-Ei-Aufstrich

**Für 1 Portion**

1 Portion Ei

1 Portion Gemüse (Avocado, Rest Salat)

1 kleine Knoblauchzehe

Salz

frisch gemahlener Pfeffer

Roggenknäckebrot

## Zubereitung

1. In einem Topf Wasser aufkochen. Ei mit einem Eierpick anstechen, einlegen und 4 bis 5 Minuten kochen lassen. Herausheben, kalt abschrecken und pellen. Ein Viertel als Eiweißportion beiseite legen.
2. Das Fruchtfleisch der Avocado aus der Schale lösen und in eine Schüssel geben. Knoblauch abziehen, durch eine Knoblauchpresse drücken und zugeben. Das weichgekochte Ei zugeben und alles cremig verrühren. Mit Salz und Pfeffer würzen.
3. Salat waschen, auf Knäckebrot legen und den Aufstrich darauf anrichten. Zuerst den beiseite gelegten Happen Ei essen.

**Tipp** Je nach Belieben kann man auch frische Kräuter oder ein paar Tropfen Balsamico-Essig hinzugeben.

# Paprika-Omelette

**Für 1 Portion**

1 Portion Paprikaschote

1 Portion Ei

1-2 TL Wasser (kohlensäurehaltiges Mineralwasser)

Salz

frisch gemahlener Pfeffer

**Zubereitung**

1. Den Backofen vorheizen auf 200 °C (Umluft 180 °C, Gas Stufe 3-4).
2. Paprikaschote waschen, putzen und in kleine Würfel schneiden.
3. Ei mit etwas Wasser (bei Mineralwasser wird der Teig schön locker), Salz und Pfeffer verquirlen. Die Paprikastücke unterrühren.
4. Die Eimasse in eine kleine Auflaufform füllen und das Omelette im heißen Backofen etwa 10 Minuten backen, bis die Oberfläche fest ist.

**Tipp** Je nach individuellem Nahrungsplan kann ein Gemüseomelette auch mit **Tomate, Artischockenherzen** und anderen Gemüsearten zubereitet werden. **Brokkoli** und **Blumenkohl** können nach Bedarf zuvor blanchiert werden. Je nach Belieben kann man das Omelette mit frischen Kräutern (Schnittlauch, Petersilie, Salbei, Rosmarin, Majoran oder Oregano) verfeinern.

# Champignon-Masala-Omelette

**Für 1 Portion**

1 Portion Gemüse (Champignons, Peperoni, Zwiebel, Paprikaschote)

1 Knoblauchzehe

1 Portion Ei

Salz, Pfeffer

Chilipulver

Garam masala

Koriander

2 EL Mineralwasser

**Zubereitung**

1. Gemüse nach Bedarf waschen, putzen und in kleine Würfel schneiden. Knoblauch abziehen und fein hacken.
2. Ei trennen und das Eiweiß steif schlagen. Das Eigelb mit dem Gemüse und allen Gewürzen mischen. Den Eischnee unter die Eigelbmischung heben. Nach und nach das Wasser untermischen.
3. Eine Pfanne erhitzen und darin die Ei-Gemüse-Mischung zu einem Omelette braten. Auf einem vorgewärmten Teller anrichten.

**Tipp** Je nach gewünschtem Schärfegrad die Chilimenge erhöhen.

# Omelette mit Pilzen

**Für 1 Portion**

**1 Portion Gemüse (Pilze, Zwiebel)**

**Petersilie oder Schnittlauch**

**Salz**

**weißer Pfeffer**

**1 Portion Ei**

**Zubereitung**

**1.** Pilze putzen und klein schneiden. Zwiebel abziehen und fein würfeln. Petersilie fein hacken oder Schnittlauch in Röllchen schneiden.

**2.** Eine Pfanne erhitzen und Zwiebelwürfel und Pilze darin mit wenig Wasser andünsten. Die Kräuter zugeben, salzen und pfeffern.

**3.** Ei in eine Tasse aufschlagen, mit 1 Esslöffel Wasser strecken und würzen. Eine zweite Pfanne erhitzen und aus der Eimasse ein Omelette von beiden Seiten braten.

**4.** Die Pilzfüllung auf das Omelette geben, dieses zur Hälfte einklappen und auf einem vorgewärmten Teller anrichten.

**Tipp** Geeignet sind Champignons, Pfifferlinge oder Steinpilze, aber nicht Shiitake- und Austernpilze, denn diese gelten als Eiweiß.

*Mit seinem feinen Zwiebelgeschmack passt Schnittlauch sehr gut zu Omelette mit Pilzen.*

# Zucchiniküchlein

**Für 1 Portion**

1/2 Portion Gemüse (Zwiebel, Zucchini)

1/2 Knoblauchzehe

1 Ei

Salz

frisch gemahlener Pfeffer

(Olivenöl ab Phase 3)

**Salat:**

1/2 Portion Gemüse (Möhre)

1 Portion Apfel

1 EL gehackte Petersilie

Salz

Balsamico-Essig

**Zubereitung**

**1.** Zwiebel abziehen, fein würfeln und in eine Schüssel geben. Zucchini putzen, reiben und zufügen. Knoblauch abziehen, durch eine Knoblauchpresse drücken und zugeben. Das Ei verquirlen, unter das Gemüse mengen und alles salzen und pfeffern.

**2.** Eine Pfanne (mit Öl ab Phase 3) erhitzen. Aus der Zucchinimasse kleine Küchlein formen und goldgelb ausbraten. Warm halten.

**3.** Für den Salat Möhre und Apfel waschen, putzen, fein raspeln und mit Petersilie, Salz und Essig pikant würzen. Den Salat mit den Küchlein auf einem Teller anrichten.

**Tipp** Falls der individuelle Plan zwei Eier zulässt, empfiehlt sich als vorab zu verzehrende Eiweißportion ein Spiegelei. Statt Möhrensalat kann auch ein **Salat aus Fenchel** und **Endivien** zu den Zucchiniküchlein gegessen werden.

# Feldsalat mit Eierspalten

**Für 1 Portion**

1 Portion Gemüse (Feldsalat, 1/2 Tomate)

1 Portion gekochtes Ei

Salz

frisch gemahlener Pfeffer

Balsamico-Essig

**Zubereitung**

**1.** Feldsalat waschen und putzen. Tomate waschen und in Scheiben schneiden. Ei in Spalten schneiden.

**2.** Alle Zutaten auf einem Teller anrichten und mit Salz, Pfeffer und Essig würzen.

**Tipp** Knoblauch oder Senfpulver verfeinern die Salatmarinade und geben dem Salat eine angenehme Schärfe. Alternativ jeden anderen **Blattsalat** und anderes **rot-oranges Gemüse** verwenden.

# Würzige Gemüse-Ei-Pfanne

**Für 1 Portion**

1 Portion Gemüse (Zwiebel, Peperoni, Paprikaschote)

1 kleine Knoblauchzehe

1 Portion Ei

Chilipulver

Salz

frisch gemahlener Pfeffer

Schnittlauchröllchen

**Zubereitung**

1. Zwiebel abziehen und in Scheiben schneiden. Peperoni nach Bedarf putzen. Paprikaschote putzen und würfeln. Knoblauch abziehen und fein hacken.
2. Eine Pfanne erhitzen und darin Zwiebel und Peperoni mit wenig Wasser schmoren lassen. Paprikawürfel und Knoblauch zufügen und unter Rühren 5 Minuten garen. Mit Chilipulver und Salz würzen.
3. Das Ei in eine Tasse aufschlagen, über das Gemüse verteilen und die Pfanne schütteln, damit sich die Eimasse gut verteilt. Das Eigericht in wenigen Minuten stocken lassen. Mit Pfeffer und Schnittlauch bestreuen und auf einem vorgewärmten Teller anrichten.

**Tipp** Als Alternative bieten sich **Oliven** statt Paprikaschote an.

# Brokkolipudding

**Für 1 Portion**

1 Portion Brokkoli

1 Portion Ei

Salz

frisch gemahlener Pfeffer

Muskatnuss

**Zubereitung**

1. Brokkoli waschen, putzen, in kochendem Salzwasser kurz garen und herausnehmen. Ei in einer Schüssel verquirlen.
2. Den Brokkoli mit einem Mixstab sehr fein pürieren. Nach und nach die Eimasse untermengen. Pikant würzen.
3. Die Brokkolimasse in kleine Förmchen füllen. Im Wasserbad (ein knapp mit siedendem Wasser gefüllter Topf) zugedeckt bei 90 °C Wassertemperatur 15 bis 20 Minuten pochieren. Herausnehmen und auf einen Teller stürzen.

**Tipp** Dieses Rezept eignet sich auch für **Blumenkohl**.

# Fisch & Meeresfrüchte

Als weitere Eiweißkomponente einer im Sinne von Metabolic Balance gesunden Ernährung bieten sich Fisch und Meeresfrüchte an. Sie sind leicht verdaulich und lassen sich einfach zubereiten. Frischen Fisch möglichst erst am Tag des Verbrauchs einkaufen. Bei gefrorenem Fisch muss man auf das Einwaagegewicht achten, denn aufgetaute Fische und Meeresfrüchte wiegen im Durchschnitt die Hälfte weniger. Meeresfrüchte sollen zudem auch ohne Schale gewogen werden. An- oder aufgetauten Fisch soll man aus gesundheitlichen Gründen nicht mehr einfrieren, sondern sobald wie möglich verarbeiten. Fisch darf sowohl geräuchert als auch aus Dosen (in Salzwasser oder eigenem Saft) verwendet werden; dies ist ideal für unterwegs. Wie bei Metabolic Balance üblich, gilt auch hier, dass nur eine Art Fisch oder Meeresfrüchte pro Tag gegessen werden soll.

Räucherfisch bekommt ein besonders feines Aroma, wenn man ihn vor dem Servieren ganz leicht erwärmt.

*Schonende Garmethoden wie Dünsten und Pochieren erhalten den zarten Geschmack von Fisch und Meeresfrüchten.*

# Fischsuppe mit Tomate

**Für 1 Portion**

1 Portion Fischfilet

1 Portion Gemüse (Tomate, Zwiebel)

1 Chilischote

Petersilie

300 ml Gemüsebrühe (S. 43)

frischer Thymian

**Zubereitung**

**1.** Fischfilet unter fließendem kaltem Wasser waschen, trockentupfen und in Stücke schneiden. Tomate putzen und würfeln. Zwiebel abziehen und fein würfeln. Chilischote putzen und fein hacken. Petersilie waschen, trockenschleudern und fein hacken.

**2.** In einem Topf Brühe, Fisch, Tomate, Zwiebel, Chili und Petersilie zum Kochen bringen. Die Hitzezufuhr reduzieren und alles bei geringer Hitze etwa 30 Minuten leise kochen lassen. Dabei gelegentlich umrühren und bei Bedarf etwas Wasser nachfüllen. Mit Petersilie und Thymian würzen.

**Tipp** Statt Thymian sind zur Fischsuppe auch Majoran oder Zitronengras sehr zu empfehlen.

# Südländische Fischsuppe

**Für 1 Portion**

1 Portion Fisch

1 Portion Gemüse (Staudensellerie, 1/2 Tomate, Möhre, Zwiebel)

300 ml Gemüsebrühe (S. 43)

1/2 Knoblauchzehe

1 Lorbeerblatt

Rosmarin

Basilikum

Salz, Pfeffer

**Zubereitung**

**1.** Fisch unter fließendem kaltem Wasser waschen, trockentupfen, in Stücke schneiden und salzen.

**2.** Sellerie, Tomate und Möhre waschen, putzen und klein schneiden. Die Brühe erhitzen und das Gemüse darin bissfest kochen.

**3.** Zwiebel und Knoblauch abziehen und fein hacken. Zusammen mit Fisch, Lorbeerblatt, Rosmarin und Basilikum zum Gemüse geben und alles gar kochen. Mit Salz und Pfeffer würzen.

**Tipp** **Seelachs, Rotbarsch** oder **Kabeljau** eignen sich für dieses Rezept. Daran denken: Immer zuerst ein paar Fischstücke verzehren.

# Garnelensuppe mit Gemüse

**Für 1 Portion**

1 Portion Garnelen

Salz

1 Portion Gemüse (Sellerie, Kohlrabi, Petersilienwurzel, Frühlingszwiebel, grüne Bohnen, 1 EL gewürfelte Zwiebel)

1/2 Knoblauchzehe

300 ml Gemüsebrühe (S. 43)

1 Lorbeerblatt

Rosmarin

Petersilie oder Schnittlauch

**Zubereitung**

1. Garnelen unter fließendem kaltem Wasser waschen, in Stücke schneiden und leicht salzen.
2. Gemüse waschen, putzen und in kleine Stücke schneiden. Knoblauch abziehen und fein hacken.
3. Das Gemüse in einen Topf geben, mit Brühe bedecken und in etwa 15 Minuten nur bissfest kochen.
4. Garnelen mit Zwiebel, Knoblauch, Lorbeerblatt und Rosmarin zum Gemüse geben und kurz mitkochen, bis sie gar sind.
5. Kräuter waschen, Petersilie fein hacken oder Schnittlauch in Röllchen schneiden und in die Suppe geben.

**Tipp** Statt Gemüsebrühe Wasser mit frischen Kräutern verwenden.

# Forelle blau

**Für 1 Portion**

1 Portion Gemüse (Zwiebel, Sellerie, Möhre, Petersilienwurzel, Porree, Kohlrabi)

Salz

1-2 EL Apfelessig

2 Wacholderbeeren

1 Salbeiblatt

Zitronenmelisse

1 Portion Forelle

**Zubereitung**

1. Für den Sud das Gemüse waschen, putzen und klein schneiden. Mit gut 1/4 Liter kaltem Wasser und allen Gewürzen und Kräutern 10 bis 15 Minuten zugedeckt kochen lassen. Den Sud abseihen.
2. Die Forelle in den Topf legen, mit dem Sud bedecken und bei mittlerer Hitze je nach Größe 15 bis 20 Minuten garen. Herausheben und auf einem vorgewärmten Teller anrichten.

**Tipp** Statt Forelle können auch **Renke, Karpfen** oder **Zander** so zubereitet werden. Als Beilage eignet sich grüner Salat oder je nach Plan gekochtes Gemüse.

*In Phase 2 ist nur eine halbe Tomate erlaubt, danach darf es eine ganze Tomate pro Tag sein.*

# Fischauflauf

**Für 1 Portion**

**1 Portion Seelachsfilet**

**Salz**

**frisch gemahlener Pfeffer**

**Balsamico- oder Apfelessig**

**1 Portion Gemüse (Tomate, Zwiebel, Sauerkraut)**

**Zubereitung**

1. Seelachsfilet kalt abbrausen, trockentupfen und in Stücke schneiden. Salzen, pfeffern und mit Essig beträufeln.
2. Tomate überbrühen, häuten und würfeln. Zwiebel abziehen und fein würfeln. Sauerkraut nach Bedarf etwas klein schneiden.
3. Einen Topf erhitzen und die Zwiebel darin mit ganz wenig Wasser andünsten. Das Sauerkraut untermischen.
4. Den Backofen vorheizen auf 220 °C (Umluft 200 °C, Gas Stufe 4-5). Sauerkraut und Tomate in eine Auflaufform mit Deckel schichten, den Fisch auflegen und den Deckel schließen.
5. Den Auflauf in den Backofen stellen und 15 bis 20 Minuten backen.

**Tipp** Statt Sauerkraut **Spinat** verwenden.

# Krautwickel mit Fischfüllung

**Für 1 Portion**

1 Portion Gemüse (1-2 Blätter Weißkohl, 1 EL gewürfelte Zwiebel, 2 Streifen rote Paprikaschote, Rest klein geschnittenes Weißkraut)

frisch gehackter Dill

1 Messerspitze gemahlener Kümmel oder Muskatnuss

1 Portion Lachs

Salz

frisch gemahlener Pfeffer

**Zubereitung**

1. Weißkohlblätter waschen und die Mittelrippen leicht abflachen. In kochendes Salzwasser geben, halb weich kochen, herausnehmen, abtropfen lassen und auf eine Arbeitsfläche legen.
2. In einer Pfanne Zwiebelwürfel, restliches Kraut und Paprikastreifen mit wenig Wasser kurz dünsten. Dill und Kümmel oder Muskatnuss zugeben. Die Mischung auf die Kohlblätter verteilen.
3. Lachs in Streifen schneiden und in der heißen Pfanne von jeder Seite 1 Minute braten. Salzen, pfeffern und auf das Gemüse legen.
4. Die Kohlblätter an den Rändern einschlagen und durch Aufrollen die Füllung einschließen.
5. Einen Topf mit wenig Wasser erhitzen, die Kohlrouladen einlegen und zugedeckt 10 bis 15 Minuten garen.

*Kohlrouladen können auch mit Hackfleisch oder Sprossengemüse gefüllt werden. Als Obstportion mundet dann Mango dazu.*

# Seeteufel pikant

**Für 1 Portion**

1 Portion Seeteufel

1 Portion Gemüse (Kürbis, Pastinake, Porree oder Zwiebel)

1 cm Zitronengras

Petersilie

Zitronenmelisse

1 kleine Knoblauchzehe

**Zubereitung**

1. Seeteufel unter fließendem kaltem Wasser waschen und trockentupfen.
2. Gemüse waschen und putzen. Kürbis und Pastinake in Würfel schneiden. Porree in Scheiben schneiden oder Zwiebel fein würfeln. Zitronengras in Scheiben schneiden und unter das Gemüse mischen.
3. Petersilie und Zitronenmelisse waschen, trockenschleudern und grob hacken. Knoblauch abziehen und fein hacken. Alles unter das Gemüse mischen.
4. Den Backofen vorheizen auf 190 °C (Umluft 170 °C, Gas Stufe 3).
5. Den Fisch mit dem Gemüse und etwa 50 Milliliter Wasser in eine verschließbare feuerfeste Form geben, salzen, pfeffern und zugedeckt in 15 bis 20 Minuten garen.

**Tipp** Exotisch schmeckt das Ganze, wenn man mit Currypulver und wenig zuckerfreier Sojasauce würzt und Ananas oder Apfel mitgart.

# Räucherlachstatar auf Salatbouquet

**Für 1 Portion**

1 Portion Gemüse (Zwiebel, Blattsalate)

frischer Dill

1 Portion geräucherter Lachs

Salz, Pfeffer

(Öl ab Phase 3)

Balsamico-Essig

**Zubereitung**

1. Die Zwiebel abziehen und fein würfeln. Den Dill klein hacken.
2. Den Lachs in Streifen schneiden und mit etwas Salz und Pfeffer (und Öl ab Phase 3) würzen. Die Zwiebel und den Dill zufügen.
3. Die Salatblätter waschen. Eine Marinade aus Salz, Pfeffer, Essig (und Öl ab Phase 3) anrühren.
4. Den Salat auf einem Teller anrichten, mit der Marinade beträufeln und das Lachstatar in die Mitte setzen.

# Kabeljaufilet mit Dill und Spinat

**Für 1 Portion**

1 Portion Kabeljaufilet

Balsamico- oder Apfelessig

Salz

frisch gemahlener Pfeffer

Dill

1 Portion Gemüse (Blattspinat, Zwiebel)

**Zubereitung**

1. Fischfilet unter fließendem kaltem Wasser abspülen und trockentupfen. Mit Essig beträufeln, mit Salz, Pfeffer und Dill würzen und etwa 30 Minuten in der Marinade ziehen lassen.
2. Spinat waschen und putzen. In wenig Salzwasser garen, bis er gerade zusammenfällt, herausnehmen und abtropfen lassen. Zwiebel abziehen und fein würfeln.
3. Eine Pfanne mit etwas Wasser erhitzen. Den marinierten Fisch einlegen, zudecken und etwa 10 Minuten garen. Gleichzeitig eine zweite Pfanne erhitzen und die Zwiebelwürfel darin andünsten. Spinat dazugeben und kurz aufwärmen. Beides auf einem vorgewärmten Teller anrichten.

**Tipp** Als andere Beilage zum Fisch schmeckt geraspelter Weißkohl, der mit Zwiebel, Dill, Salz und wenig Wasser gedünstet wird.

# Zanderfilet mit Brokkoli

**Für 1 Portion**

1 Portion Zanderfilet

Salz

frisch gemahlener Pfeffer

1 Portion Brokkoli

Muskatnuss

Liebstöckel (Maggikraut)

**Zubereitung**

1. Zanderfilet kalt abspülen, trockentupfen, salzen und pfeffern. Eine Pfanne mit etwas Wasser erhitzen, den Fisch einlegen und zugedeckt 10 bis 15 Minuten garen.
2. Brokkoli waschen, putzen, würzen und in kochendem Salzwasser garen. Abtropfen lassen und mit dem Fisch anrichten.

**Tipp** Dieses Rezept lässt sich ebenso mit **Rotbarsch** zubereiten. Statt Brokkoli kann man auch **Rosenkohl** verwenden.

# Fischcurry

**Für 1 Portion**
1 Portion Lachsfilet
1 Portion Tomaten
Chilischoten
frischer Ingwer
2 TL Kurkuma
2 TL Kreuzkümmel
2 TL Paprikapulver
Senfpulver
Salz

**Zubereitung**

1. Den Fisch in mundgerechte Stücke schneiden. Die Tomaten waschen und vierteln. Die Chilis waschen, putzen und klein schneiden. Den Ingwer schälen und hacken.
2. Wenig Wasser in einer Pfanne erhitzen und alle Gewürze darin bei schwacher Hitze unter ständigem Rühren dünsten.
3. Die Tomaten dazugeben und unter Rühren kurz mitbraten. Etwa 50 Milliliter Wasser angießen, aufkochen und leicht salzen.
4. Die Fischstücke hineinlegen. Alles bei leicht geöffnetem Deckel und mittlerer Hitze weitere 5 Minuten garen.

**Tipp** Statt Lachs **Schellfisch** oder **Kabeljau** verwenden. Und mit Zwiebel, Knoblauch, Apfel oder Ananas verfeinern.

*Fischcurry ist mit wenigen Handgriffen schnell zubereitet.*

*Das zarte Zitronenaroma harmoniert vorzüglich mit den Garnelen.*

**Für 1 Portion**
**1/2 Stängel Zitronengras**
**1 Knoblauchzehe**
**Salz**
**Pfefferkörner**
**Chilischoten**
**Zitronenmelisse**
**Koriandergrün**
**1 Portion Shrimps (Riesengarnelen)**
**1 Portion Gemüse (Champignons, 1/2 Tomate)**
**(Öl ab Phase 3)**
**Balsamico-Essig**

# Asia-Garnelen

**Zubereitung**

1. Zitronengras waschen und schräg schneiden. Knoblauch abziehen und grob hacken.
2. Knoblauch, Salz und Pfefferkörner in einem Mörser zu einer Paste verarbeiten. Chilischoten putzen, Zitronenmelisse und Koriandergrün waschen und alles in Streifen schneiden.
3. Shrimps kalt abspülen und Schalenreste entfernen. Champignons putzen und in Scheiben schneiden. Tomate in Würfel schneiden.
4. Einen Topf (mit Öl ab Phase 3) erhitzen und die Shrimps mit 2 Esslöffeln Wasser darin beidseitig leicht anbräunen. Champignonscheiben und Tomatenwürfel zugeben und 10 Minuten leise kochen lassen. Nach Bedarf noch wenig Wasser zugießen.
5. Alle Gewürze und Kräuter einrühren und mit Essig abrunden.

# Garnelen mit Salatgurke

**Für 1 Portion**

1 Portion Salatgurke

1 Portion Garnelen

(Öl ab Phase 3)

frischer Dill

Salz

frisch gemahlener Pfeffer

**Zubereitung**

1. Die Gurke waschen, längs halbieren, die Kerne herausnehmen und das Fruchtfleisch in Stücke schneiden.
2. Die Garnelen schälen, waschen und trockentupfen.
3. Eine Pfanne (mit Öl ab Phase 3) mit 2 Esslöffeln Wasser erhitzen und die Garnelen darin anbraten. Die Gurkenstücke zugeben und alles etwa 5 Minuten garen.
4. Den Dill waschen, trockenschleudern, fein hacken und unter die Garnelen mischen. Salzen, pfeffern und warm verzehren.

**Tipp** Garnelen mit **Salat** kombinieren. Dafür Salatblätter auf einem Teller anrichten. Garnelen salzen, pfeffern und mit etwas Wasser in einer geschlossenen Pfanne 10 Minuten garen. Auf dem Salat anrichten und mit Balsamico-Essig beträufeln. Gefrorene Garnelenschwänze lassen sich leichter pellen, wenn man sie kurz in heißes Wasser legt.

# Avocadomousse mit Lachs

**Für 1 Portion**

1 Portion Gemüse (Salat, Zwiebel, Avocado)

Balsamico-Essig

Salz, Pfeffer

1 Portion geräucherter Lachs

5 Kapern

Roggenknäckebrot

**Zubereitung**

1. Salatblätter waschen und trockenschleudern. Zwiebel abziehen und in halbe Ringe schneiden.
2. Das Fruchtfleisch der Avocado mit einem Löffel aus der Schale lösen und sofort mit Essig beträufeln. Mit einer Gabel fein zerdrücken oder mit einem Mixstab pürieren. Mit Salz und Pfeffer würzen.
3. Lachs auf Salatblättern anrichten, Avocadomousse aufsetzen und mit den Zwiebelringen und den Kapern garnieren. Dazu kann man Roggenknäckebrot essen.

# Lachs im Gemüsebett

**Für 1 Portion**

1 Portion Gemüse (Möhre, Sellerie, Frühlingszwiebel, frischer Meerrettich)

Petersilie

1/2 Apfel

Salz

frisch gemahlener Pfeffer

1 Portion Lachs

1/4 l Gemüsebrühe (S. 43)

## Zubereitung

1. Einen Römertopf gut 15 Minuten vor der Zubereitung in Wasser einweichen, damit er sich vollsaugen kann.
2. Möhre, Sellerie und Frühlingszwiebel waschen, putzen und sehr klein schneiden. Meerrettich schälen und fein reiben. Petersilie waschen und fein hacken. Apfel entkernen und klein schneiden. Alles miteinander vermischen und mit Salz und Pfeffer würzen.
3. Den Lachs salzen und pfeffern. Die Gemüsemischung in den Römertopf geben und den Lachs darin einbetten. Mit Brühe beträufeln und den Topf verschließen.
4. Den Römertopf in den kalten Backofen stellen und diesen auf 170 °C (Umluft 150 °C, Gas Stufe 2) einstellen. Den Lachs in etwa 45 Minuten garen. Den heißen Römertopf nicht auf eine kalte Fläche stellen.

*Dieses Rezept lässt sich auch mit Kabeljau beziehungsweise mit Zwiebel und Fenchel zubereiten. Die zweite Apfelhälfte als Nachtisch genießen.*

# Austern für Feinschmecker

**Für 1 Portion**
1 Portion Austern
1 Stück Ingwer
1 EL Austernsauce
Balsamico-Essig
weißer Pfeffer
(Öl ab Phase 3)
1 Zitrone

**Zubereitung**

1. Den Backofen vorheizen auf 175 °C (Umluft 155 °C, Gas Stufe 2-3).
2. Die Austern unter fließendem kaltem Wasser waschen und vorsichtig öffnen, denn der Saft darf dabei nicht verloren gehen. Dafür die Austern am besten mit einem Küchentuch so halten, dass die gewölbte Seite nach unten zeigt. Mit einem Austernmesser am Scharnier einstechen, dieses durchtrennen und dann rundherum fahren, um die obere Austernschale abzuheben. Jetzt muss man aufpassen, denn es gilt, die auslaufende Flüssigkeit aufzufangen. Die Bärte entfernen und das Fleisch von den Schalen lösen.
3. Den Ingwer schälen und fein hacken. Mit Austernwasser, Austernsauce, Essig und Pfeffer verrühren. In jede untere Austernschale 1/2 TL Ingwersauce (und einige Tropfen Öl ab Phase 3) geben. Mit den oberen Schalenhälften wieder zudecken.
4. Die vorbereiteten Austern auf ein Backblech legen und im heißen Backofen auf der mittleren Schiene 3 bis 5 Minuten garen. Herausnehmen und auf einem Teller anrichten.
5. Die Zitrone waschen, vierteln und zu den Austern setzen. Das Gericht sofort servieren.

**Tipp** Nach dem Austerngenuss schmeckt gemischter Salat oder Rohkostsalat sehr gut. Zitrone sollte nur verwendet werden, wenn sie in der persönlichen Nahrungsmittelliste enthalten ist. Nach Metabolic Balance gilt sie als Obst, weshalb man dann kein weiteres Obst als Nachspeise essen soll. Zitronensaft kann durch Balsamico-Essig ersetzt werden.

# Fleisch

Da jeder Metabolic-Balance-Teilnehmer seine eigenen Lebensmittel wie auch Mengenangaben hat, sind die Angaben für Brühe und Wasser zum Angießen sowie für Kräuter und Gewürze nur Durchschnittsangaben für eine Portion.

Fleisch nach Metabolic Balance umfasst die Fleischarten Kalb, Rind, Schwein und Lamm, aber kein Geflügel. Beim Einkauf von Fleisch auf Frische und Herkunft achten und sich für solches entscheiden, das aus artgerechter Tierhaltung stammt. Hackfleisch darf nur am Tag seiner Herstellung verkauft werden und soll sofort verwendet werden. Wenn man es portionsweise einfriert, darf es bei der Wiederverarbeitung nur angetaut verwertet werden. Fleisch eignet sich auch gut dazu, als fertiges Gericht eingefroren zu werden. Ausnahmen sind Schnitzel und Steaks, die besser roh portionsweise abgepackt tiefgekühlt werden sollten. Fleisch wird besonders zart, wenn es über Nacht mariniert; zum Beispiel in Buttermilch eingelegt oder in Essiglaken eingewickelt wird. Vor der Verarbeitung muss das Fleisch dann gut unter fließendem kaltem Wasser abgespült werden.

*Fleisch verträgt eine kräftige Würzung, etwa mit reichlich Kräutern und Pfeffer.*

# Fleischbrühe

**Für 4 Portionen**

**300 g Rinderknochen**

**1/2 kg Suppenfleisch**

**4 Portionen Gemüse (1 Zwiebel, Möhre, Porree, Sellerie/Staudensellerie, Kohlrabi)**

**1 Knoblauchzehe**

**Petersilie**

**(Öl ab Phase 3)**

**Liebstöckel**

**Pfefferkörner**

**Zubereitung**

**1.** Die Knochen und das Suppenfleisch unter fließendem kaltem Wasser waschen.

**2.** Die Zwiebel und den Knoblauch abziehen und würfeln. Das restliche Gemüse putzen, nach Bedarf schälen und grob zerkleinern. Die Petersilie waschen.

**3.** Knochen und Suppenfleisch in einen Topf legen und mit 2 Liter kaltem Wasser bedecken. (Ab Phase 3 kann man etwas Öl in einem Topf erhitzen und das Suppenfleisch und die Knochen darin unter gelegentlichem Wenden kurz anbraten.) Zwiebel, Knoblauch, das restliche Gemüse, Liebstöckel und Pfefferkörner zugeben. Den Topfinhalt aufkochen.

**4.** Sobald das Wasser sprudelnd zu kochen beginnt, die Hitzezufuhr reduzieren, so dass die Brühe nur noch leicht siedet. Mit einem Schaumlöffel den immer wieder aufsteigenden Schaum abheben und entfernen.

**5.** Nach 1 1/2 bis 2 Stunden den Topf von der Kochstelle nehmen. Die Petersilie hacken und zugeben. Das Fleisch herausheben, die Brühe etwas abkühlen lassen, durch ein feines Sieb abgießen und abkühlen lassen. Das sich beim Erkalten absetzende Fett abschöpfen.

**Tipp** Fleischbrühe kann bei Metabolic Balance für andere Fleischgerichte mit derselben Fleischart verwendet werden, also Rinderbrühe für Gerichte mit Rindfleisch, Lammbrühe für Lammgerichte usw. Zum Aufbewahren das gekochte Gemüse entfernen, denn es fängt im Sud an zu gären und die Brühe wird buchstäblich sauer. Am besten kocht man mehrere Portionen auf einmal und friert die abgeseihte Brühe und das Fleisch getrennt voneinander und in Portionsmengen ein.

# Rindercarpaccio

**Für 1 Portion**

1 Portion Blattsalat

frische Kräuter

(Olivenöl ab Phase 3)

1 Portion Rindercarpaccio

Balsamico-Essig

Salz

frisch gemahlener Pfeffer

**Zubereitung**

**1.** Den Blattsalat waschen, trockenschleudern und auf einen Teller legen. Die Kräuter waschen und fein hacken.

**2.** Eine Pfanne (mit Öl ab Phase 3) erhitzen und das Fleisch darin kurz von beiden Seiten erwärmen. Das Fleisch auf dem Salat anrichten.

**3.** Salat und Fleisch mit Essig besprühen, salzen und pfeffern und die Kräuter darauf geben.

**Tipp** Ein Sprühaufsatz auf der Essigflasche ermöglicht, geringe Mengen Essig gleichmäßig zu verteilen.

# Kalbsragout

**Für 1 Portion**

1 Portion magere Kalbsschulter

1 Portion Gemüse (1/2 Tomate, Pfifferlinge, 2 EL gewürfelte Zwiebel)

1 Knoblauchzehe

(Öl ab Phase 3)

Salz

frisch gemahlener Pfeffer

150 ml Rinderbrühe (S. 79) oder Gemüsebrühe (S. 43)

Thymian

Lorbeerblatt

**Zubereitung**

**1.** Das Fleisch in Würfel schneiden. Die Tomatenhälfte klein würfeln. Die Pfifferlinge putzen und in Scheiben schneiden.

**2.** Einen Topf (mit Öl ab Phase 3) erhitzen und die Fleischwürfel darin anbraten. Zwiebel, Tomate und Pfifferlinge zugeben. Knoblauch abziehen, durch eine Knoblauchpresse drücken und dazugeben. Brühe oder Wasser zugießen.

**3.** Mit Salz und Pfeffer würzen, Thymian und Lorbeerblatt zugeben und alles zugedeckt etwa 60 Minuten schmoren lassen. Vor dem Servieren das Lorbeerblatt entfernen.

**Tipp** Wer mag, häutet die Tomate vor der Zubereitung, damit die Schale später nicht stört. Dafür die ganze Tomate mit kochendem Wasser überbrühen, die Haut abziehen und dann die Frucht halbieren.

*Aromatische Kräuter runden den feinen Geschmack ab.*

# Kräuterkalbfleisch

**Für 1 Portion**

**1 Portion Kalbfleisch**

**frisch gemahlener Pfeffer**

**frische Kräuter**

**Gemüsebrühe (S. 43)**

**Salz**

**Zubereitung**

**1.** Fleisch in dünne Scheiben schneiden und mit Pfeffer würzen. Kräuter waschen, abtropfen lassen und fein hacken.

**2.** Eine Pfanne erhitzen und das Fleisch darin von beiden Seiten anbraten. Wenig Gemüsebrühe oder Wasser zugeben und fertig garen. Mit Salz würzen und die Kräuter darüber streuen.

**Tipp** Als Beilage passt gemischter Salat oder gekochtes Gemüse wie beispielsweise Blumenkohl, Brokkoli oder Pastinake bestens dazu. Die Auswahl der Kräuter für das Kalbfleisch richtet sich nach dem aktuellen Angebot, zum Beispiel Schnittlauch, Petersilie und Basilikum. Wer es eher südländisch gewürzt mag, verwendet Thymian, Rosmarin und Oregano.

# Rinderfilet mit buntem Gemüse

**Für 1 Portion**

1 Portion Gemüse (Möhre, Pastinake, Brokkoli, Zwiebel)

Petersilie oder Schnittlauch

Liebstöckel oder Koriander

1 Portion Rinderfilet

200 ml Brühe (Rind S. 79; Gemüse S. 43)

Salz

frisch gemahlener Pfeffer

**Zubereitung**

**1.** Möhre und Pastinake waschen, putzen und klein schneiden. Brokkoli waschen, putzen und in Röschen teilen. Zwiebel abziehen und fein würfeln. Kräuter waschen und klein schneiden.

**2.** Das Rinderfilet in etwa 4 Millimeter dicke Scheiben schneiden.

**3.** Brühe, Gemüse und Kräuter in einem Topf aufkochen und 4 Minuten kochen lassen. Einen Dämpfeinsatz einstellen und die Filetscheiben auflegen, ohne dass sie mit der Flüssigkeit in Kontakt kommen. Die Hitzezufuhr ausschalten und das Fleisch 1 bis 3 Minuten pochieren (je nachdem wie rosa es sein soll). Salzen und pfeffern.

**4.** Das Fleisch und das Gemüse herausheben, abtropfen lassen und auf einem Teller anrichten.

**Tipp** Die Mahlzeit mit etwas Fleisch beginnen. Die Brühe danach trinken oder für ein anderes Gericht mit Rindfleisch verwenden.

# Rinderfilet auf Salat

**Für 1 Portion**

1 Portion Rinderfilet

Salz

frisch gemahlener Pfeffer

2 Knoblauchzehen

(Olivenöl ab Phase 3)

1 Portion Rucola-Salat

Balsamico-Essig

**Zubereitung**

**1.** Das Rinderfilet salzen und pfeffern. Den Knoblauch nur abziehen.

**2.** Den Backofen vorheizen auf 80 °C (Umluft 60 °C, Gas Stufe 1).

**3.** Eine Pfanne (mit Öl ab Phase 3) erhitzen, Knoblauchzehen einlegen und das Filet darin scharf anbraten. Das Filet für 10 Minuten im warmen Backofen ruhen lassen.

**4.** Den Salat waschen und auf einem Teller anrichten. Das Filet in Stücke schneiden und darauf legen. Salzen, pfeffern und mit wenig Essig besprühen.

# Rinderfilet an Spargel

**Für 1 Portion**

- 1 Portion weißer und grüner Spargel
- 1 Portion Rinderfilet
- frisch gemahlener Pfeffer
- Balsamico-Essig
- (Öl ab Phase 3)
- Rosmarin
- frischer Thymian
- Salz

**Zubereitung**

1. Weißen Spargel waschen, vom Kopf abwärts schälen, Enden entfernen und die Stangen in Salzwasser etwa 15 Minuten garen. Grünen Spargel nur im unteren Drittel schälen und etwa 10 Minuten dünsten.
2. Den Backofen vorheizen auf 70 °C (Umluft 50 °C, Gas Stufe 1).
3. Das Rinderfilet rundum pfeffern. Eine Pfanne (mit Öl ab Phase 3) erhitzen und das Fleisch darin etwa 8 Minuten scharf anbraten. Herausnehmen und abgedeckt in den vorgewärmten Backofen stellen.
4. Etwas Wasser, Essig, (Öl ab Phase 3), Rosmarin und Thymian in der Pfanne erhitzen.
5. Das Rinderfilet salzen und in dünne Scheiben schneiden. Durch die warme Marinade ziehen und mit den Spargelstangen auf einem vorgewärmten Teller anrichten.

*Rinderfilet schmeckt auch gut zu Blumen- oder Rosenkohl.*

**Für 1 Portion**

1 Portion Gemüse (Salatgurke, Zwiebel)

(1 TL Olivenöl ab Phase 3)

5 EL Gemüsebrühe (S. 43)

Salz, Pfeffer

1/2 TL frisch geriebener Meerrettich

1 TL gehackte Petersilie

1 Portion Roastbeef-Aufschnitt

# Roastbeef mit Gurkendip

**Zubereitung**

**1.** Gurke schälen, längs halbieren, entkernen und in feine Würfel schneiden. Zwiebel abziehen und fein würfeln.

**2.** Einen Topf (mit Öl ab Phase 3) erhitzen und die Zwiebelwürfel darin glasig andünsten. Gurkenwürfel dazugeben und 3 Minuten mitdünsten. Brühe angießen und offen 10 Minuten leise kochen lassen.

**3.** Das Gemüse von der Kochstelle nehmen und pürieren. Mit Salz und Pfeffer würzen. Meerrettich und Petersilie unterrühren.

**4.** Das Roastbeef mit Gurkendip auf einem Teller anrichten.

**Tipp** Das Roastbeef schmeckt auch gut, wenn man es in einer beschichteten Pfanne kurz erwärmt.

**Für 1 Portion**

1 Portion Gemüse (Paprikaschote, einige Salatblätter)

Balsamico-Essig

(Olivenöl ab Phase 3)

Salz

frisch gemahlener Pfeffer

1 Portion gekochter Tafelspitz, in sehr dünnen Scheiben

Schnittlauch

# Tafelspitz

**Zubereitung**

**1.** Paprikaschote waschen, putzen und klein würfeln. Salatblätter waschen, trockenschleudern und auf einen Teller legen.

**2.** Essig, (Öl ab Phase 3), Salz und Pfeffer miteinander verrühren.

**3.** Die Tafelspitzscheiben und die Paprikawürfel auf dem Salat anrichten und mit der Marinade beträufeln. Schnittlauch waschen, in Röllchen schneiden und darüber verteilen.

**Tipp** Unter Tafelspitz versteht man das spitz zulaufende Ende eines Muskelstranges aus der Hüfte vom Rind. Er ist sehr mager und wird in feiner Gemüsebrühe schonend gekocht. Kalter Tafelspitz schmeckt auch gut mit Balsamico-Essig und frisch geriebenem Meerrettich.

# Gemüsesuppe mit Tafelspitz

**Für 1 Portion**

1 Portion Gemüse (Zwiebel, Porree, Weißkohl, Sellerie, Kohlrabi)

Petersilie

1 Portion Rindfleisch (Siedfleisch)

Salz, Pfeffer

frisch geriebener Meerrettich

**Zubereitung**

**1.** Zwiebel abziehen, Porree und Weißkohl putzen, Sellerie und Kohlrabi schälen und alles klein schneiden. Petersilie waschen, trockenschleudern und fein hacken.

**2.** Fleisch, Gemüse und Petersilie in einen Topf geben, mit Wasser knapp bedecken und bei mittlerer Hitze etwa 1 1/2 Stunden kochen. Erst am Schluss salzen und mit Pfeffer würzen.

**3.** Das Fleisch mit Meerrettich und Gemüse servieren. Den Sud als Suppe verzehren.

# Rinderschnitzel mit Ratatouille

**Für 1 Portion**

1 Portion Gemüse (Zwiebel, Zucchini, Paprikaschote, Tomate)

1 Knoblauchzehe

Petersilie

Oregano

Thymian

1 Portion Rindfleisch, dünn geschnitten

Salz

frisch gemahlener Pfeffer

**Zubereitung**

**1.** Zwiebel abziehen und grob würfeln. Zucchini und Paprikaschote putzen und in etwa 1 Zentimeter große Stücke schneiden. Tomate mit kochendem Wasser überbrühen, häuten und grob würfeln. Knoblauch abziehen und fein hacken. Petersilie waschen und fein hacken.

**2.** Einen Topf erhitzen und die Zwiebelstücke darin anbraten. Die Paprikastücke zugeben und 3 Minuten mitdünsten. Zucchini, Tomate, Knoblauch, Oregano und Thymian zufügen. Wenig Wasser zugießen und alles zusammen etwa 8 Minuten dünsten. Die Petersilie untermischen.

**3.** Inzwischen eine Pfanne erhitzen und das Fleisch darin scharf anbraten. Salzen, pfeffern und zum Ratatouille servieren.

**Tipp** Als raffinierte Abwechslung eine in Würfel geschnittene **Salatgurke** zum Ratatouille geben.

*Durch das Einlegen in Essigsud wird das Fleisch schön zart.*

**Für 1 Portion**

**1 EL Apfelessig**

**1 Portion Gemüse (1/2 Zwiebel, Sellerie, Kohlrabi, Porree)**

**1 Lorbeerblatt**

**2 Nelken**

**1 Portion Rindfleisch (Bratenstück)**

**Salz**

**frisch gemahlener Pfeffer**

# Sauerbraten

**Zubereitung**

**1.** Für den Sud den Essig mit etwas Wasser verdünnen. Zwiebel abziehen und grob würfeln. Zwiebel, Lorbeerblatt und Nelken zum Essigsud geben. Das Fleisch einlegen und 1 Tag zugedeckt marinieren.

**2.** Am nächsten Tag das restliche Gemüse waschen, schälen, putzen und klein schneiden.

**3.** Das Fleisch aus dem Sud nehmen und abtropfen lassen. Einen Topf erhitzen und das Fleisch darin scharf anbraten. Gemüse, Sud, Salz und Pfeffer zugeben und zugedeckt bei mittlerer Hitze etwa 1 Stunde kochen.

**Tipp** Wenn der Sauerbraten ohne Kochgemüse verzehrt wird, sind Blattsalate oder Rohkostsalate eine passende Beilage.

# Hackfleisch-Auflauf mit Zucchini

**Für 1 Portion**

1 Portion Gemüse (Zucchini, Zwiebel)

1 kleine Knoblauchzehe

1 Portion Hackfleisch (nicht gemischt)

Salz

frisch gemahlener Pfeffer

Oregano

Thymian

Basilikum

**Zubereitung**

**1.** Zucchini waschen, putzen, in 1/2 Zentimeter dicke Scheiben schneiden und in eine Auflaufform legen. Zwiebel und Knoblauch abziehen und fein würfeln.

**2.** Eine Pfanne erhitzen und das Hackfleisch mit der Zwiebel darin anbraten. Etwas Wasser hinzugeben, damit eine Sauce entsteht. Mit Knoblauch, Salz, Pfeffer und den Kräutern würzen.

**3.** Den Backofen vorheizen auf 220 °C (Umluft 200 °C, Gas Stufe 4-5).

**4.** Die Sauce über die Zucchinischeiben geben. Die Form in den heißen Backofen stellen und den Auflauf in etwa 30 Minuten überbacken.

**Tipp** Statt Zucchini können auch **Auberginen** verwendet werden.

# Chili mit grünen Bohnen

**Für 1 Portion**

1 Portion Gemüse (grüne Bohnen, rote Paprikaschote, 1 EL gewürfelte Zwiebel)

Bohnenkraut

(Öl ab Phase 3)

1 Portion Hackfleisch (nicht gemischt)

Chilipulver

Salz

**Zubereitung**

**1.** Die grünen Bohnen waschen, die Enden abschneiden, Fäden abziehen und in 1 Zentimeter große Stücke schneiden. Mit Bohnenkraut in kochendes Salzwasser geben und etwa 15 Minuten kochen.

**2.** Die Paprikaschote waschen, vierteln und Samen und Trennwände entfernen.

**3.** Eine Pfanne (mit Öl ab Phase 3) erhitzen und Hackfleisch, Zwiebelwürfel und Paprikastücke darin anbraten; nach Bedarf etwas Wasser zugeben. Mit Chilipulver und Salz würzen. Die Bohnen unterheben. Beim Essen zuerst ein Happen Fleisch verzehren.

**Tipp** Frische Chilischoten bringen mehr Schärfe ins Gericht.

## Deftiger Hackfleisch-Topf

**Für 1 Portion**

1 Portion Gemüse (Zwiebel, Möhre, rote Paprikaschote, Porree, 2 EL passierte Tomaten)

(Olivenöl ab Phase 3)

1 Portion Hackfleisch

100 ml Gemüsebrühe (S. 43)

1/2 TL Senfpulver

Paprikapulver

Salz

frisch gemahlener Pfeffer

**Zubereitung**

**1.** Zwiebel abziehen und fein würfeln. Möhre waschen, schälen und in Scheiben schneiden. Paprikaschote waschen, putzen und klein würfeln. Porree waschen, putzen und in Ringe schneiden.

**2.** Eine Pfanne (mit Öl ab Phase 3) erhitzen und die Zwiebel darin glasig dünsten. Das Hackfleisch hinzugeben und anbraten. Das Gemüse darunter mischen. Mit Brühe ablöschen, aufkochen, die Hitzezufuhr reduzieren und alles leise kochen lassen. Mit Senfpulver, Paprikapulver, Salz und Pfeffer würzen.

**3.** Bei geöffnetem Topfdeckel und schwacher Hitze etwa 15 Minuten leise kochen lassen, dabei häufig umrühren.

**Tipp** Kein gemischtes Hackfleisch (Rind/Schwein) zubereiten. Verwendet man zum Aufgießen keine Brühe sondern Wasser, kann man zusätzlich mit reichlich frischen Kräutern Geschmack einbringen.

## Hackfleisch mit Gemüse

**Für 1 Portion**

1 Portion Gemüse (Zwiebel, Sellerie)

1 kleine Knoblauchzehe

1 Portion Hackfleisch

Salz

frisch gemahlener Pfeffer

Majoran

**Zubereitung**

**1.** Zwiebel abziehen und fein würfeln. Sellerie waschen, schälen und in Würfel schneiden. Knoblauch abziehen und fein hacken.

**2.** Eine Pfanne mit wenig Wasser erhitzen und das Gemüse darin andünsten. Hackfleisch und Knoblauch zugeben und braten, bis das Gemüse bissfest und das Fleisch gar ist. Mit Salz, Pfeffer und Majoran würzen.

**Tipp** Statt Sellerie eignen sich auch **Kohlrabi**, **Möhre** und **Zucchini**.

# Eintopf Pichelsteiner Art

**Zubereitung**

1. Das Fleisch unter fließendem kaltem Wasser abspülen, trockentupfen und in mundgerechte Würfel schneiden.
2. Gemüse waschen, putzen, nach Bedarf schälen und klein schneiden.
3. Fleisch und Gemüse schichtweise in einen Topf geben. Mit Salz, Pfeffer, Majoran und Muskatnuss würzen. Alles mit klarer Gemüsebrühe oder Wasser bedecken und etwa 1 Stunde bei schwacher Hitze zugedeckt garen; es soll nicht wallend kochen.
4. Kurz vor dem Verzehr die Petersilie waschen, fein hacken und zum Eintopf geben.

**Tipp** Die Gemüseauswahl richtet sich nach dem individuellen Plan. Statt Rindfleisch kann man auch **Kalb-** oder **Lammfleisch** verwenden.

**Für 1 Portion**

1 Portion Rindfleisch (z.B. Hochrippe ohne Knochen, mager)

1 Portion Gemüse (Sellerie, Kohlrabi, Wurzelpetersilie, grüne Bohnen, Frühlingszwiebel, Blumenkohl, Rosenkohl, Weißkohl, Porree, Möhre, Zucchini)

Salz, Pfeffer

Majoran

Muskatnuss

1/4 l Gemüsebrühe

Petersilie

*Beim Essen daran denken: Immer zuerst ein paar Fleischstücke verzehren!*

# Schweinebraten

**Für 1 Portion**

1 Portion Schweinebraten aus der Schulter

Salz

frisch gemahlener Pfeffer

1 Portion Gemüse (Zwiebel, Möhre)

1 Knoblauchzehe

Kümmel

**Zubereitung**

1. Einen Römertopf gut 15 Minuten in Wasser einweichen.
2. Fleisch salzen und pfeffern. Zwiebel abziehen und grob hacken. Möhre putzen und in dicke Scheiben schneiden. Knoblauch abziehen und fein hacken. Fleisch, Gemüse und Gewürze in den Römertopf legen. Mit 1/4 Liter heißem Wasser übergießen.
3. Den Römertopf verschließen und in den kalten Backofen stellen. Zunächst für 15 Minuten die Temperatur auf 220 °C (Umluft 200 °C, Gas Stufe 4-5) stellen. Dann auf 180 °C (Umluft 160 °C, Gas Stufe 2-3) zurückschalten, das Fleisch im Topf umdrehen und weitere 2 Stunden braten; nach Bedarf immer wieder etwas warmes Wasser zugeben. In den letzten 20 Minuten den Deckel abnehmen und auf Oberhitze umschalten.

*Der Braten schmeckt auch kalt oder aufgewärmt sehr gut.*

# Schweinebraten mit Pilzen

**Für 1 Portion**

- 1 Portion Gemüse (Zwiebel, Pfifferlinge oder Champignons)
- 1 Knoblauchzehe
- 1 Portion Schweinefleisch (Bratenstück)
- Salz
- frisch gemahlener Pfeffer
- Kümmel

**Zubereitung**

1. Einen Römertopf gut 15 Minuten vor der Zubereitung in Wasser einweichen, damit er sich vollsaugen kann.
2. Zwiebel abziehen und grob hacken. Pilze putzen und in Scheiben schneiden. Knoblauch abziehen und fein hacken.
3. Eine Pfanne erhitzen und das Fleisch darin scharf anbraten. Mit Gemüse und Gewürzen in den Topf geben und den Deckel auflegen.
4. Den Römertopf in den kalten Backofen stellen und auf 200 °C (Umluft 180 °C, Gas Stufe 3-4) aufheizen. Fleisch etwa 1 Stunde garen.

**Tipp** Auf diese Art kann auch anderes Fleisch im Römertopf gegart werden, zum Beispiel **Pute**. Bei **Rind** beträgt die Garzeit 1 1/2 bis 2 Stunden je nach Größe des Bratenstücks.

# Schweineschnitzel mit Aprikosen

**Für 1 Portion**

- 1 Portion frische Aprikosen
- 1/2 Zimtstange
- 1 Nelke
- 1 Portion Schweineschnitzel oder -filet
- Salz
- frisch gemahlener Pfeffer
- Paprikapulver

**Zubereitung**

1. Aprikosen mit ein paar Esslöffeln Wasser in einem Mixer pürieren. Das Püree in einem Topf bei schwacher Hitze mit Zimt und Nelke etwa 5 Minuten leise kochen lassen. Die Zimtstange und die Nelke entfernen.
2. Das Fleisch mit Salz, Pfeffer und Paprikapulver einreiben und in einem Sandwichgrill oder in einer heißen Pfanne zubereiten.
3. Die Sauce mit dem gegrillten Fleisch anrichten.

**Tipp** Dazu passt gemischter Salat. Statt Aprikosen kann man auch **Mango** verwenden.

# Schinkenröllchen mit Spargel

**Für 1 Portion**
1 Portion Schinken
Petersilie
1 Portion gekochter Spargel
Roggenknäckebrot

**Zubereitung**

1. Schinkenscheiben nebeneinander auf eine Arbeitsfläche legen. Petersilie waschen, trockenschleudern und fein hacken.
2. Spargelstangen je nach Größe halbieren und auf den Schinken legen. Schinken straff aufrollen.
3. Die eingerollten Spargelstangen auf Knäckebrot anrichten und mit Petersilie garnieren.

**Tipp** Statt Schinken kann man auch **Roastbeef** oder gebratene **Putenbrust** verwenden und statt Spargel **Schwarzwurzel**.

# Gulasch

**Für 1 Portion**
1 Portion Schweinefleisch
1 Portion Gemüse (Zwiebel, Paprikaschote, Champignons)
Salz
frisch gemahlener Pfeffer
Paprikapulver
Chilipulver
etwa 150 ml Gemüsebrühe (S. 43)

**Zubereitung**

1. Fleisch in kleine Stücke schneiden. Zwiebel abziehen und fein würfeln. Paprikaschote putzen und in Stücke schneiden. Champignons putzen und in Scheiben schneiden.
2. Eine Pfanne mit wenig Wasser erhitzen und die Zwiebelwürfel darin andünsten. Fleischstücke dazugeben und ringsum anbraten. Mit Salz, Pfeffer, Paprikapulver und Chilipulver würzen.
3. Paprikastücke zugeben und mit etwas Gemüsebrühe oder Wasser ablöschen. Champignons zufügen und zugedeckt etwa 25 Minuten leise kochen lassen. Von Zeit zu Zeit umrühren. Nochmals würzen.

**Tipp** Statt mit Schweinefleisch kann das Gulasch auch mit **Kalb-** oder **Rindfleisch** zubereitet werden. Doch die Fleischarten dürfen nicht miteinander gemischt werden.

# Lamm mit Auberginen

**Für 1 Portion**

- 1 Portion Lammfleisch (zum Braten)
- 1 Knoblauchzehe
- 1 Portion Gemüse (1/2 Peperoni, Aubergine, Tomate, Zwiebel)
- Salz
- frisch gemahlener Pfeffer
- Chilipulver
- Kurkuma
- Garam Masala
- Currypulver
- Schnittlauch

## Zubereitung

1. Fleisch in 2,5 Zentimeter große Würfel schneiden. Knoblauch abziehen und grob hacken. Peperoni putzen und klein schneiden.
2. Das Fleisch in einen Topf geben, mit Wasser bedecken und die Gewürze zufügen. Zugedeckt etwa 30 Minuten leise kochen lassen.
3. Inzwischen die Aubergine waschen, putzen, in Würfel schneiden, einsalzen, 15 Minuten ziehen lassen und unter kaltem Wasser abspülen. Tomate häuten und würfeln. Zwiebel abziehen und fein würfeln.
4. Gemüse zum Fleisch geben und weitere 30 Minuten leicht mitkochen lassen. Schnittlauch in Röllchen schneiden und darüber streuen.

**Tipp** Statt Auberginen passen **Okraschoten** ebenfalls bestens in das Lammgericht.

*Das Lammgericht zeichnet sich durch ein feines Aroma aus.*

# Geflügel

Mageres Hähnchen und Putenfleisch sind aufgrund ihres geringen Puringehaltes (wichtig bei Gichterkrankungen) rotem Fleisch vorzuziehen. Ihr weißes und wohlschmeckendes Fleisch ist leicht verdaulich und gut bekömmlich. Die vielseitigen Zubereitungsmöglichkeiten bieten zudem eine große Abwechslung für den wöchentlichen Speiseplan. Ente und Gans besitzen eine fettreiche Haut, die beim Garen guten Geschmack abgibt, aber vor dem Verzehr entfernt werden soll. Geflügel muss in der Küche mit besonderer Sorgfalt behandelt werden, da rohes Fleisch eine Salmonellengefahr in sich bergen kann. Deshalb soll man Geflügel immer gut durchgaren und rohes Geflügelhackfleisch generell nicht einfrieren. Der Saft von aufgetautem Geflügel darf außerdem nicht mit anderen Lebensmitteln in Berührung kommen.

Helles Geflügelfleisch ist ideal für die schnelle Küche, denn das zarte Fleisch benötigt nur eine kurze Garzeit.

*Geflügel lässt sich vielfältig zubereiten und schmeckt auch Kindern gut.*

# Geflügelbrühe

**Für 1 Portion**

1 Portion Gemüse (Zwiebel, Möhre, Sellerie, Porree)

Petersilie

1 Knoblauchzehe

(Öl ab Phase 3)

1 Portion Geflügel

Salz

Pfefferkörner

frische Kräuter (Thymian, Rosmarin, Oregano, Majoran)

**Zubereitung**

1. Zwiebel abziehen und in Würfel schneiden. Möhre und Sellerie waschen, schälen und grob stückeln. Porree waschen, putzen und in dicke Scheiben schneiden. Petersilie waschen, trockenschleudern und grob zerkleinern. Knoblauch abziehen und grob hacken.
2. Einen Topf erhitzen und die Zwiebelwürfel mit etwas Wasser darin andünsten. Ab Phase 3 kann man statt Wasser Öl nehmen.
3. Das Geflügel unter fließendem kaltem Wasser abbrausen, abtropfen lassen und grob zerlegen. Die Geflügelteile zur Zwiebel legen, Gemüse, Gewürze und Kräuter zugeben. 1 Liter kaltes Wasser angießen und alles zum Kochen bringen.
4. Wenn die Brühe sprudelnd zu kochen beginnt, die Hitzezufuhr reduzieren, so dass die Brühe nur noch leicht siedet. Mit einem Schaumlöffel immer wieder den aufsteigenden Schaum entfernen.
5. Nach etwa 45 Minuten das Geflügel aus der Brühe nehmen, damit das Fleisch nicht zu sehr verkocht.
6. Die heiße Geflügelbrühe durch ein feines Sieb oder Küchentuch in ein anderes Gefäß gießen und abkühlen lassen. Das sich beim Erkalten absetzende Fett abheben.

**Tipp** Das gekochte Fleisch kann man gut weiterverarbeiten, beispielsweise für einen Geflügelsalat. Bei Metabolic Balance wird nur das magere Fleisch verwendet und die fettreiche Haut vor dem Verzehr entfernt. Falls mehrere Portionen gekocht werden, ist es sinnvoll, das Fleisch portionsweise abgepackt einzufrieren. Wird die Brühe eingefroren, empfiehlt es sich, beim Kochen kein Salz zu verwenden. Die Geflügelbrühe eignet sich zur Zubereitung von Geflügelsuppen. Für Gerichte mit Rind- oder Schweinefleisch ist sie nicht geeignet.

**Für 1 Portion**

1 Portion Hähnchen- oder Putenbrustfilet

1 Portion Gemüse (Sellerie, Kohlrabi, Porree, Möhre, Paprikaschote, Frühlingszwiebel, Brokkoli)

1 Knoblauchzehe

300 ml Geflügelbrühe (S. 95)

Salz, Pfeffer

Paprikapulver

Petersilie

# Geflügelsuppe

**Zubereitung**

**1.** Das Fleisch unter fließendem kaltem Wasser waschen, abtupfen und in kleine Stücke schneiden.

**2.** Gemüse je nach Plan zusammenstellen, waschen, putzen und in Würfel schneiden. Knoblauch abziehen und fein hacken.

**3.** Fleisch, Gemüse und Knoblauch in einen Topf geben und mit klarer Brühe oder Wasser bedecken. Aufkochen, die Hitzezufuhr reduzieren und 30 bis 40 Minuten leise kochen lassen. Mit Salz, Pfeffer, Paprikapulver und Petersilie würzen.

**Tipp** Beim Essen immer zuerst mit ein paar Fleischstücken beginnen.

**Für 1 Portion**

1 Portion Gemüse (Feldsalat, Gurke, Radieschen, Tomate, Zwiebel)

1 Portion Putenbrust

Salz

frisch gemahlener Pfeffer

Currypulver

1 Apfel

Balsamico-Essig

# Salat mit Putenbruststreifen

**Zubereitung**

**1.** Feldsalat verlesen, waschen und abtropfen lassen. Gemüse nach Bedarf waschen, putzen und in Stücke schneiden. Zwiebel abziehen und fein würfeln. Salat und Gemüse auf einem Teller anrichten.

**2.** Putenbrust in feine Streifen schneiden. Eine Pfanne erhitzen und die Putenbrust darin anbraten. Nach 2 bis 3 Minuten wenden und fertigbraten. Mit Salz, Pfeffer und Currypulver würzen.

**3.** Apfel entkernen, würfeln, zum Fleisch geben und kurz mitdünsten. Auf dem Salat anrichten und mit Essig beträufeln.

**Tipp** Statt Apfel schmeckt auch eine Portion **Ananas** sehr gut zum Geflügel. Die Auswahl der Salatzutaten richtet sich wie immer nach dem individuellen Nahrungsplan.

*Ein leichtes Gericht, ideal zum Mitnehmen ins Büro.*

# Waldorfsalat mit Geflügel

**Für 1 Portion**

**1 Portion Geflügelbrust**

**Salz**

**1 Portion Apfel**

**1 Portion Gemüse (Sellerie, Kopfsalat)**

**frisch gemahlener Pfeffer**

**Balsamico-Essig**

**Zubereitung**

**1.** Das Fleisch mit Salzwasser gerade bedecken und bei mittlerer Hitze 15 Minuten kochen. Herausnehmen und in Streifen schneiden.

**2.** Apfel waschen, entkernen und das Fruchtfleisch grob raspeln. Sellerie waschen, schälen und ebenfalls grob raspeln.

**3.** Geflügelfleisch, Apfel und Sellerie in eine Schüssel geben, salzen, pfeffern und mit Essig würzen. Den Salat im Kühlschrank mindestens 30 Minuten ziehen lassen.

**4.** Kopfsalat waschen, trockenschleudern und auf einem Teller auslegen. Den Waldorfsalat darauf anrichten.

**Tipp** Dies ist eine komplette Mahlzeit im Sinne von Metabolic Balance, nach der auch kein weiteres Obst mehr gegessen wird.

# Ingwer-Hähnchenbrust

**Für 1 Portion**

1 Portion Gemüse (Zwiebel, Champignons, 1/2 Tomate)

1 kleine Chilischote

frischer Ingwer

1 Portion Hähnchenbrust

(Öl ab Phase 3)

150 ml Geflügelbrühe (S. 95)

1 Knoblauchzehe

**Zubereitung**

**1.** Zwiebel abziehen und würfeln. Champignons putzen und etwas klein schneiden. Tomatenhälfte häuten und würfeln. Chilischote putzen und schräg schneiden. Ingwer schälen und in Streifen schneiden. Knoblauch abziehen und fein hacken.

**2.** Hähnchenbrust in Streifen schneiden. Einen Wok (mit Öl ab Phase 3) erhitzen und das Fleisch mit der Zwiebel darin anbraten.

**3.** Champignons, Ingwer und Chilis dazugeben. Mit Geflügelbrühe und Knoblauch würzen. Tomate dazugeben.

**Tipp** Statt Champignons und Tomate **Möhre** und **Zucchini** nehmen.

# Hähnchencurry

**Für 1 Portion**

1 Portion Gemüse (Aubergine, Paprikaschote, Zwiebel)

Zitronenmelisse

1 Portion Hähnchenbrustfilet

Salz

grüner Curry (Reformhaus)

(Öl ab Phase 3)

1 EL Kokoscreme

150 ml Geflügel- oder Gemüsebrühe

Basilikum

Balsamico-Essig

1 TL Sojasauce

**Zubereitung**

**1.** Aubergine waschen, putzen, würfeln, salzen, Wasser ziehen lassen und abspülen. Paprikaschote waschen, putzen und in Würfel schneiden. Zwiebel abziehen und würfeln. Zitronenmelisse fein hacken.

**2.** Das Fleisch in große Würfel oder dicke Streifen schneiden, leicht salzen und in Curry wenden. Einen Topf (mit Öl ab Phase 3) mit etwas Wasser erhitzen und das Fleisch darin heiß anbraten.

**3.** Gemüse, Kokoscreme und Zitronenmelisse zum Fleisch geben.

**4.** Mit Brühe oder Wasser aufgießen und alles erneut aufkochen lassen. Bei mittlerer Hitze leise kochen lassen, bis das Fleisch weich ist.

**5.** Basilikum fein hacken und mit Essig und Sojasauce zugeben.

**Tipp** Statt Aubergine kann man anderes Gemüse nach Plan nehmen.

# Brathähnchen

**Für 2 bis 3 Portionen**

**1 Hähnchen**

**1 Knoblauchzehe**

**(Olivenöl ab Phase 3)**

**Paprikapulver**

**Currypulver**

**Salz**

**frisch gemahlener Pfeffer**

## Zubereitung

1. Das Hähnchen unter fließendem kaltem Wasser waschen und trockentupfen. Knoblauch abziehen und fein hacken. Knoblauch, (Öl ab Phase 3), Paprikapulver, Currypulver, Salz und Pfeffer vermischen und das Hähnchen damit rundum würzen.
2. Den Backofen vorheizen auf 220 °C (Umluft 200 °C, Gas Stufe 4-5). Das Hähnchen in einen Bräter oder in eine feuerfeste Form legen und 1/2 Tasse Wasser zugeben. Im heißen Backofen etwa 1 Stunde (je nach Größe) braten und dabei öfter mal wenden beziehungsweise mit Bratensaft bestreichen.
3. Das Hähnchen zerlegen, in Portionen teilen und eine davon sofort mit einem Gemüsegericht verzehren. Die Haut vor dem Verzehr entfernen. Die anderen Portionen für spätere Mahlzeiten einfrieren.

*Saftig gebraten und geschmacklich gut abgerundet.*

*Knackig gegartes Gemüse in bunten Farben erfreut Gaumen und Auge.*

# Hähnchen à la Provence

**Für 1 Portion**

**1 Portion Gemüse (Paprikaschote, Zucchini, Zwiebel, Tomate)**

**Salz**

**frisch gemahlener Pfeffer**

**Thymian**

**1 Portion Hähnchenbrust**

**Zubereitung**

**1.** Paprikaschote und Zucchini waschen, putzen und klein schneiden. Zwiebel abziehen und würfeln. Tomate mit kochendem Wasser überbrühen, häuten und in mundgerechte Stücke schneiden.

**2.** Eine beschichtete Pfanne erhitzen und die Paprikastücke darin mit 50 Milliliter Wasser 5 Minuten dünsten. Zucchini- und Zwiebelwürfel zugeben und kurz mitbraten. Zum Schluss die Tomate zufügen. Mit Salz, Pfeffer und Thymian würzen.

**3.** Hähnchenfleisch abspülen und trockentupfen. Eine separate Pfanne erhitzen und das Fleisch darin beidseitig anbraten; bei Bedarf etwas Wasser zugeben. Gemüse und Fleisch zusammen anrichten.

**Tipp** Mit frisch gehackten Kräutern bestreuen.

# Hähnchen mit Tomaten

**Für 1 Portion**

1 Portion Hähnchenbrust

1 Portion Gemüse (Zwiebel, Tomate, Frühlingszwiebel)

1 kleine Knoblauchzehe

grüne Peperoni

Ingwer

Salz, Pfeffer

Chilipulver

Kreuzkümmelsamen

**Zubereitung**

**1.** Fleisch unter fließendem kaltem Wasser abspülen, trockentupfen und in Stücke schneiden. Zwiebel abziehen und fein würfeln. Tomate mit kochendem Wasser überbrühen, häuten und in Stücke schneiden. Frühlingszwiebel waschen, putzen und in Ringe schneiden. Knoblauch abziehen und fein hacken. Peperoni waschen, putzen und fein hacken. Ingwer schälen und klein schneiden.

**2.** Eine Pfanne erhitzen und die Zwiebelwürfel darin andünsten. Fleisch zugeben, rundum anbraten und zugedeckt im eigenen Saft kurz braten lassen.

**3.** Tomatenstücke, Frühlingszwiebel und alle Gewürze zugeben. Mit etwas Wasser aufgießen und 15 bis 20 Minuten garen.

# Putensnack

**Für 1 Portion**

1 Portion Putenschnitzel

Salz

frisch gemahlener Pfeffer

Currypulver

1 Portion Gemüse (2 Salatblätter, Möhre)

1 Portion Roggenknäckebrot

Balsamico-Essig

1 EL Mango-Chutney

**Zubereitung**

**1.** Das Schnitzel unter fließendem kaltem Wasser abspülen und trockentupfen. Eine Pfanne erhitzen und das Schnitzel darin mit etwas Wasser anbraten. Mit Salz, Pfeffer und Currypulver würzen.

**2.** Salatblätter waschen und trockenschleudern. Das Schnitzel halbieren. Je eine Scheibe Knäckebrot mit einem Salatblatt und einer Schnitzelhälfte belegen. Das Chutney darauf verteilen.

**3.** Möhre waschen, raspeln, mit Salz und Essig würzen und als Beilage essen.

**Tipp** Für das Chutney Mango-Fruchtfleisch klein schneiden und mit wenig Wasser zu dickem Brei leise kochen lassen.

# Putenbrust nach China Art

**Für 1 Portion**

1 Portion Putenbrust oder -schnitzel

4 Korianderkörner

Ingwer

Zimtstange

1 Nelke

Piment

frisch gemahlener Pfeffer

Sojasauce (ohne Stärke und Zucker)

1 Portion Gemüse (Paprikaschote, Porree, Weißkraut, Chinakohl, Zwiebel, Palmherz)

**Zubereitung**

**1.** Zwei Tage vor dem Verzehr das Fleisch unter fließendem Wasser waschen, trockentupfen, in Streifen schneiden und in ein verschließbares Gefäß geben. Korianderkörner im Mörser zerreiben oder mit einem Messer zerdrücken. Ingwer schälen und fein hacken. Beide Gewürze mit Zimtstange, Nelke, Piment und Pfeffer vermischen und über das Fleisch geben. Die Sojasauce mit den Gewürzen unter das Fleisch mischen. Das Gefäß verschließen und 1 bis 2 Tage in den Kühlschrank stellen.

**2.** Das Gemüse waschen, putzen und in Streifen oder Ringe schneiden.

**3.** Zimtstange und Nelke von dem Fleisch entfernen. Eine Pfanne erhitzen und das Fleisch mit der Marinade und wenig Wasser andünsten. Das Gemüse zugeben und unter Rühren alles fertig garen.

*Zimt, Nelke und Piment sorgen für den interessanten Geschmack des Putenfleisches.*

# Geflügel-Schaschlik

**Zubereitung**

1. Das Putenfleisch in Stücke schneiden.
2. Das Gemüse waschen, putzen und in Stücke beziehungsweise Scheiben schneiden. Gemüse und Fleisch abwechselnd auf einen Schaschlikspieß stecken.
3. Eine Pfanne erhitzen und den Spieß darin rundherum kurz anbraten. Mit klarer Gemüsebrühe oder Wasser ablöschen. Mit Salz, Pfeffer, Paprikapulver und Currypulver würzen und zugedeckt fertig garen.

**Tipp** Beim Essen immer zuerst etwas Fleisch verzehren.

**Für 1 Portion**

**1 Portion Putenbrust oder -schinken, gegart oder geräuchert**

**1 Portion Gemüse (Paprikaschote, Zucchini, Zwiebel)**

**1/8 l klare Gemüsebrühe (S. 43)**

**Salz, Pfeffer**

**Paprikapulver**

**Currypulver**

# Fleisch im Wok

**Zubereitung**

1. Fleisch in dünne Scheiben schneiden und mit Salz und Pfeffer würzen. Frühlingszwiebel waschen, putzen und in Ringe schneiden. Möhre waschen, schälen und in feine Stifte schneiden. Petersilie waschen und fein hacken.
2. Einen Wok (mit Öl ab Phase 3) erhitzen und darin das Fleisch unter ständigem Rühren anbraten. Herausnehmen und warm halten.
3. Das Gemüse in den Wok geben. Etwas Brühe oder Wasser angießen und das Gemüse bissfest garen. Das Fleisch und die Petersilie zugeben und alles zusammen nochmal erhitzen.

**Tipp** Dieses universelle Rezept lässt sich mit jeder Fleischart und mit jedem Gemüse der Liste zubereiten. Auch bei der Würzung sind keine Grenzen gesetzt, so schmeckt etwa zu Möhren Ingwer interessant.

**Für 1 Portion**

**1 Portion Geflügelfleisch**

**Salz**

**frisch gemahlener Pfeffer**

**1 Portion Gemüse (Frühlingszwiebel, Möhre)**

**Petersilie**

**(Öl ab Phase 3)**

**50-100 ml Gemüsebrühe (S. 43)**

# Putencurry

**Für 1 Portion**

1 Apfel

1 Knoblauchzehe

1 Portion Putenfleisch (Brust oder Schnitzel)

2 EL gewürfelte Zwiebel

Salz

frisch gemahlener Pfeffer

Currypulver

1 TL Apfelessig

**Zubereitung**

**1.** Apfel entkernen und würfeln. Den Knoblauch abziehen und fein hacken. Putenfleisch in Streifen schneiden.

**2.** Eine Pfanne erhitzen und die Zwiebelwürfel darin mit etwas Wasser glasig dünsten. Apfelwürfel dazugeben und weich dünsten. Die Mischung in eine Schüssel geben.

**3.** Das Fleisch in der heißen Pfanne scharf anbraten. Mit Knoblauch, Salz, Pfeffer, Currypulver und Essig würzen. Die Zwiebel-Apfel-Mischung und etwas Wasser dazugeben und zugedeckt fertig schmoren.

**Tipp** Statt Apfel kann je nach persönlicher Liste auch **Ananas** oder **Mango** verwendet werden.

# Curry-Putensalat

**Für 1 Portion**

1 Portion Putenschnitzel

Salz, Pfeffer

(Olivenöl ab Phase 3)

1 Portion Salat (Eichblattsalat, Eisbergsalat)

1 Portion Obst (Orange oder Grapefruit)

Balsamico- oder Apfelessig

Currypulver

**Zubereitung**

**1.** Putenschnitzel waschen, trockentupfen und auf beiden Seiten mit Salz und Pfeffer würzen. Eine Pfanne (mit Öl ab Phase 3) erhitzen und das Fleisch darin braten. Herausnehmen und in Streifen schneiden.

**2.** Salat waschen, putzen und in mundgerechte Stücke zerkleinern.

**3.** Orange oder Grapefruit waschen und schälen. Die Früchte in dünne Scheiben schneiden.

**4.** Essig, (Öl ab Phase 3), Salz, Pfeffer und Currypulver verrühren.

**5.** Alle Zutaten in einer Schüssel vermischen und anrichten.

**Tipp** Das Fleisch kann auch im Kontaktgrill (Sandwichgrill) im Ganzen gegrillt werden und dann in Scheiben geschnitten werden.

# Putenbrust mit Paprikagemüse

**Für 1 Portion**

1 Portion Putenbrust

Salz, Pfeffer

Paprikapulver

1 Portion Gemüse (Paprikaschote, Frühlingszwiebel)

**Zubereitung**

**1.** Fleisch mit Salz, Pfeffer und Paprikapulver würzen. Eine Pfanne erhitzen und darin das Fleisch mit wenig Wasser anbraten.

**2.** Paprikaschote waschen, putzen und das Fruchtfleisch würfeln. Frühlingszwiebel waschen und hacken. Beides in einer separaten Pfanne mit etwas Wasser weich dünsten, salzen und pfeffern.

# Enten- oder Gänsebraten

**Für 1 Portion**

1 Portion Obst (Orange oder Apfel)

1 Knoblauchzehe

Petersilie

1 Portion Enten- oder Gänsefleisch (Bratenstück)

Salz

frisch gemahlener Pfeffer

2 EL gewürfelte Zwiebel

200 ml Gemüsebrühe (S. 43)

**Zubereitung**

**1.** Einen Römertopf gut 15 Minuten vor der Zubereitung in Wasser einweichen, damit er sich vollsaugen kann.

**2.** Die Orange oder den Apfel waschen. Die Orange schälen und in Scheiben schneiden oder den Apfel entkernen und in Spalten schneiden. Den Knoblauch abziehen und fein hacken. Die Petersilie waschen und fein hacken.

**3.** Das Fleisch unter fließendem kaltem Wasser waschen, trockentupfen, salzen und pfeffern.

**4.** Fleisch, Obst, Zwiebel und Petersilie in den abgetropften Römertopf geben. Die Brühe angießen und den Deckel schließen.

**5.** Den Römertopf in den kalten Backofen geben und auf 180 °C (Umluft 160 °C, Gas Stufe 2-3) stellen. Das Fleisch etwa 1 1/2 Stunden garen. Den heißen Römertopf nicht auf eine kalte Fläche absetzen.

**Tipp** Auch bei diesem Rezept gilt wie immer bei Geflügel, dass weder das sichtbare Fett noch die Haut verzehrt werden. Zum Gänse- oder Entenbraten schmeckt Rotkohl besonders gut.

# Käse, Quark & Co.

Milch ist ein guter Eiweißlieferant. Die meisten Milchprodukte unserer Supermarktregale (Quark, Käse, Joghurt usw.) werden aus Kuhmilch gewonnen, andere aus Schaf- oder Ziegenmilch. Nach Metabolic Balance darf der Fettgehalt der Kuhmilch und des Naturjoghurts von 1,5 bis 3,8 Prozent variieren, bei Naturjoghurt ist 3,5 Prozent Fett ideal. Bei Joghurt und Milchprodukten soll man keine Light-Produkte verwenden, da diese, um Geschmack und Konsistenz zu erlangen, bei der Herstellung oft mit Gelatine oder Stärkemittel (Kohlenhydrate) gebunden werden. Käse darf 20 Prozent Fett in der Feuchtmasse, also 45 Prozent Fett in Trockenmasse enthalten. Schaf- und Ziegenprodukte gehören einer anderen Eiweißgruppe als Kuhmilchprodukte an und dürfen nicht in derselben Mahlzeit, aber wohl am selben Tag wie diese verzehrt werden.

Naturbelassener Joghurt, Frischkäse, Quark und Käse liefern wertvolles Eiweiß für den Körper.

*Vor der Zubereitung von Milch, Käse oder Quark immer eine Portion Eiweiß beiseite legen, um damit die Mahlzeit beginnen zu können.*

# Aufstrich mit Schafkäse

**Für 1 Portion**

- 1 Portion Schafkäse
- 1 Portion Gemüse (Zucchini oder Aubergine, Paprikaschote)
- Salz
- frisch gemahlener Pfeffer
- Chilipulver

**Zubereitung**

1. Den Schafkäse zerdrücken und mit 1 bis 2 Teelöffeln Wasser cremig rühren. Einen Happen beiseite legen, um die Mahlzeit damit beginnen zu können.
2. Das Gemüse waschen, putzen und sehr fein schneiden. In einer Pfanne mit wenig Wasser andünsten.
3. Das Gemüse mit dem restlichen Käse verrühren und würzen.

**Tipp** **Ziegenkäse** eignet sich ebenfalls hervorragend für solch einen feinen Aufstrich. Mit etwas Roggenknäckebrot und einem Stück Obst nach Plan als Nachtisch ist die Mahlzeit dann komplett.

# Aufstrich mit Hüttenkäse

**Für 1 Portion**

- 1 Portion Gemüse (Zwiebel, Paprikaschote, Feldsalat)
- 1 Knoblauchzehe
- frische Kräuter
- 1 Portion Hüttenkäse
- Salz
- frisch gemahlener Pfeffer
- Paprikapulver

**Zubereitung**

1. Zwiebel abziehen und fein würfeln. Paprikaschote waschen, putzen und in sehr kleine Würfel schneiden. Feldsalat putzen, waschen und trockenschleudern. Knoblauch abziehen und fein hacken. Die Kräuter waschen und fein hacken.
2. Von dem Käse einen Happen beiseite legen, um die Mahlzeit damit beginnen zu können.
3. Das Gemüse und die Kräuter mit dem restlichen Käse verrühren. Nach Bedarf etwas Wasser hinzugeben damit der Aufstrich cremig wird. Mit Salz, Pfeffer und Paprikapulver würzen.

**Tipp** Als Alternative zu Hüttenkäse **Ricotta** verwenden und statt Feldsalat **Rucola**. Zum Abschluss der Mahlzeit etwas Obst genießen.

*Blattsalat kann die Gemüseportion des Aufstriches ergänzen.*

# Tomaten-Schafkäse-Aufstrich

**Für 1 Portion**
**1 Tomate**
**1 Knoblauchzehe**
**frische oder getrocknete Kräuter**
**1 Portion Schafkäse**
**(Olivenöl ab Phase 3)**
**Salz**
**frisch gemahlener Pfeffer**
**Roggenknäckebrot**

**Zubereitung**

**1.** Tomate mit kochendem Wasser überbrühen, häuten, halbieren und entkernen. Nur eine Hälfte verwenden und grob würfeln.

**2.** Knoblauch abziehen und grob schneiden. Frische Kräuter waschen, trockenschleudern und klein schneiden.

**3.** Ein Stück Schafkäse zum Garnieren beiseite legen. Den restlichen Käse mit den anderen Zutaten (Öl ab Phase 3) pürieren. Mit Salz und Pfeffer würzen.

**4.** Den Tomaten-Schafkäse-Aufstrich auf ein Knäckebrot streichen. Mit Schafkäse und beliebig frischen Kräutern garnieren.

**Tipp** Die andere Tomatenhälfte für den nächsten Tag aufheben, da in der strengen Phase nur eine halbe Tomate verwendet werden darf.

# Kräuterquark

**Für 1 Portion**

1 Portion Magerquark

Mineralwasser

1 Knoblauchzehe

Petersilie, Kresse, Schnittlauch

Salz, Pfeffer

Paprikapulver

Currypulver

**Zubereitung**

1. Den Quark mit etwas Mineralwasser cremig rühren.
2. Knoblauch abziehen und Kräuter waschen. Beides fein hacken und unter den Quark mischen. Nach Geschmack pikant würzen.

**Tipp** Streifen von Gurken, Kohlrabi, Tomate, Paprikaschote, Fenchel dazu essen. Statt Magerquark kann man auch **Frischkäse** verwenden.

# Auberginenquark

**Für 1 Portion**

1 Portion Aubergine

1 Portion Quark

1-2 TL Mineralwasser

Salz, Pfeffer

**Zubereitung**

1. Aubergine waschen, putzen und in Streifen schneiden. In einer Pfanne mit etwas Wasser dünsten und zu Mus pürieren.
2. Den Quark nach Bedarf mit etwas Mineralwasser cremig rühren. Auberginenmus unterheben. Mit Salz und Pfeffer würzen.

**Tipp** Auch mit **Frischkäse** ein feiner Aufstrich zu Roggenknäckebrot.

# Minzdip

**Für 1 Portion**

50 g frische grüne Minze

1 Portion Quark

1 EL Mineralwasser

Salz

**Zubereitung**

1. Die Minze waschen, trockenschleudern und fein hacken.
2. Den Quark mit etwas Mineralwasser und der Minze cremig rühren. Mit Salz würzen und bis zum Verzehr kalt stellen.

**Tipp** Ideal, um Gemüse zu dippen, jedoch nicht zu Fisch oder Fleisch.

# Frischkäse mit Kohlrabi

**Für 1 Portion**
1 Portion Kohlrabi
1 Portion Frischkäse
Currypulver
Salz
frisch gemahlener Pfeffer

**Zubereitung**

**1.** Kohlrabi waschen, schälen und fein hobeln.

**2.** Den Frischkäse ein wenig cremig rühren und den Kohlrabi untermischen. Mit Currypulver, Salz und Pfeffer würzen.

**Tipp** Auch köstlich mit **Quark** und **Paprikaschote.**

# Griechischer Salat

**Für 1 Portion**
1 Portion Gemüse (Gurke, Tomate, Paprikaschote, Zwiebel)
1 Portion Schafkäse (Feta) oder Ziegenkäse
Salz, Pfeffer
Balsamico-Essig

**Zubereitung**

**1.** Gurke, Tomate und Paprikaschote waschen, putzen und in mundgerechte Stücke beziehungsweise Streifen schneiden. Zwiebel abziehen und in Ringe schneiden. Feta in Würfel schneiden.

**2.** Gurken-, Tomaten- und Fetastücke auf einem Teller anrichten und mit Salz, Pfeffer und Essig würzen. Mit Zwiebelringen und Paprikastreifen garnieren.

# Mozzarellasalat

**Für 1 Portion**
1 Portion Gemüse (1/2 Tomate, Rest Gurke)
1 Portion Mozzarella
Basilikum
Balsamico-Essig
Salz, Pfeffer

**Zubereitung**

**1.** Tomate und Gurke waschen, putzen und in Scheiben schneiden. Mozzarella abtropfen lassen und ebenfalls in Scheiben schneiden.

**2.** Auf einem Teller abwechselnd die Tomaten-, Gurken- und Mozzarellascheiben anrichten. Basilikum waschen, trockentupfen, fein hacken und darüber streuen. Mit Essig besprühen und am Tisch mit Salz und frischem Pfeffer aus der Mühle würzen.

# Fetaröllchen

**Für 1 Portion**

- 1 Portion Weißkohl
- Salz
- gemahlener Kümmel
- Petersilie
- 1 Portion Schafkäse (Feta)
- frisch gemahlener Pfeffer

**Zubereitung**

1. Weißkohl putzen und die Blätter einzeln lösen. Salzwasser mit Kümmel aufkochen, die Blätter einlegen und blanchieren. Herausheben und abtropfen lassen.
2. Petersilie waschen, trockenschleudern und grob hacken.
3. Weißkohlblätter auf einer Arbeitsfläche auslegen, würzen, mit dem Käse füllen und einrollen. Mit Petersilie garnieren.

**Tipp** **Ricotta** eignet sich ebenfalls für diese Zubereitung. Wer es etwas würziger mag, kann den Käse mit Zwiebel, Knoblauch, Chilipulver oder anderen frischen Kräutern wie beispielsweise Schnittlauch oder Kerbel würzen. Diese Füllung eignet sich auch für ausgehöhlte, in Essigwasser blanchierte **Spitzpaprika**.

*Die Fetaröllchen schmecken auch gut, wenn sie im Sandwichgrill zubereitet werden.*

# Sellerie auf asiatische Art

**Für 1 Portion**

1 Portion Staudensellerie
Salz
1 Portion Frischkäse
Currypulver
Balsamico-Essig

**Zubereitung**

**1.** Sellerie waschen und die harten Fäden abziehen. Die Stangen zuerst längs, dann quer in 10 Zentimeter lange Stücke schneiden.

**2.** 200 Milliliter Salzwasser aufkochen und den Sellerie darin zugedeckt bei schwacher Hitze in etwa 10 Minuten bissfest garen. Die Brühe abseihen, erneut aufkochen und ohne Hitzezufuhr 3 Minuten ziehen lassen.

**3.** Für die Sauce den Frischkäse zerkleinern und mit dem Currypulver und dem Essig mit einem Schneebesen in die Brühe rühren.

**4.** Den Sellerie mit der Sauce auf einem Teller anrichten.

**Tipp** Den Nachtisch-Apfel gleich dazuessen. Statt Sellerie **Mangold** zubereiten. Für eine asiatisch anmutende Würzung die Sauce mit stärke- und zuckerfreier Sojasauce oder Chilisauce anmachen.

# Schlangenfraß

**Für 1 Portion**

1 Portion Gemüse (Zwiebel, Sauerkraut)
(1 EL Öl ab Phase 3)
Salz
frisch gemahlener Pfeffer
Paprikapulver
1 Portion Ziegenkäse

**Zubereitung**

**1.** Zwiebel abziehen und fein würfeln. Das Sauerkraut aus dem Glas oder der Dose nehmen und mit einer Gabel etwas auflockern.

**2.** Eine Pfanne (mit Öl ab Phase 3) mit wenig Wasser erhitzen und die Zwiebelwürfel darin goldgelb anbraten. Das Sauerkraut dazugeben und erhitzen. Mit Salz, Pfeffer und Paprikapulver würzen.

**3.** Den Käse zerbröseln und mit dem Sauerkraut auf einem Teller anrichten.

**Tipp** Mit Majoran oder Oregano anstatt mit Paprikapulver würzen.

*Für das Gratin eignet sich auch Hüttenkäse oder in feine Scheiben geschnittener Mozzarella.*

# Zucchini-Gratin

**Für 1 Portion**

- 1 Portion Gemüse (Sellerie, Zucchini, Paprikaschote)
- Petersilie
- Liebstöckel
- Salz
- 1 Portion Ricotta

## Zubereitung

1. Den Sellerie schälen, halbieren und in 1/2 Zentimeter dicke Scheiben schneiden. Salzwasser in einem Topf erhitzen und die Selleriescheiben darin 5 Minuten blanchieren. Herausnehmen und abtropfen lassen. Inzwischen die Zucchini waschen, putzen, längs in 1/2 Zentimeter dünne Streifen schneiden. Die Paprikaschote waschen, putzen und in Würfel schneiden. Die Kräuter waschen, trockenschleudern und fein hacken.
2. Zucchini, Sellerie und Paprika in eine Auflaufform schichten. Salzen und die Kräuter darüber streuen. Ricotta darüber geben.
3. Den Backofen vorheizen auf 200 °C (Umluft 180 °C, Gas Stufe 3-4). Die Form in den heißen Backofen stellen und das Gratin in etwa 30 Minuten garen.

**Für 1 Portion**

1 Portion Gemüse (Paprikaschote, Zwiebel, Blattspinat)

1 kleine Knoblauchzehe

Salz

frisch gemahlener Pfeffer

1 Portion Mozzarella

# Gefüllte Paprikaschote

**Zubereitung**

**1.** Paprikaschote waschen, Stielansatz großzügig ausschneiden und die Frucht aushöhlen. Zwiebel abziehen und klein würfeln. Spinat waschen, abtropfen lassen und klein schneiden.

**2.** Eine Pfanne mit 1 Esslöffel Wasser erhitzen und die Zwiebelwürfel darin glasig dünsten. Knoblauch abziehen, durch eine Knoblauchpresse drücken und zu der Zwiebel geben. Den Spinat zufügen, salzen und pfeffern.

**3.** Die Paprikaschote mit der Spinatmasse füllen und in einen Bräter setzen. 2 Esslöffel Wasser zufügen. Mozzarella in dünne Scheiben schneiden und über die Paprikaschote legen.

**4.** Den Backofen vorheizen auf 250 °C (Umluft 230 °C, Gas Stufe 6) und die Paprikaschote darin 5 bis 10 Minuten überbacken.

*Auch Zucchini lassen sich gut füllen, zum Beispiel mit einer Mischung aus Zwiebeln und Petersilie. Statt Mozzarella kann man auch Schaf- oder Ziegenkäse verwenden.*

# Auberginen-Auflauf

**Für 1 Portion**

- 1 Portion Gemüse (Aubergine, Tomate, Zwiebel, Staudensellerie)
- Salz
- 1 Knoblauchzehe
- (Olivenöl ab Phase 3)
- 200 ml Gemüsebrühe (S. 43)
- getrocknete Kräuter (Oregano, Thymian, Salbei)
- Chilischote
- Paprikapulver
- gemahlener Koriander
- Kreuzkümmel
- 1 Portion Schafkäse

**Zubereitung**

1. Aubergine waschen, putzen, in dicke Scheiben schneiden und mit Salz bestreuen, damit diese Wasser ziehen können. Nach gut 10 Minuten abspülen und in eine Auflaufform legen.
2. Tomate überbrühen, häuten, halbieren, Samen entfernen und das Fruchtfleisch hacken. Zwiebel und Knoblauch abziehen, Zwiebel vierteln und in schmale Spalten schneiden, Knoblauch fein hacken. Staudensellerie waschen, putzen und in kleine Würfel schneiden.
3. Einen Topf (mit Öl ab Phase 3) erhitzen und Zwiebel und Knoblauch darin mit etwas Wasser andünsten. Sellerie kurz mitschmoren. Tomatenstücke zufügen. Brühe, Kräuter und Gewürze zugeben und etwas einkochen lassen.
4. Die Tomatensauce über die Auberginenscheiben geben. Den Schafkäse grob darüber bröseln.
5. Den Backofen vorheizen auf 220 °C (Umluft 200 °C, Gas Stufe 4-5) und den Auflauf darin 30 Minuten überbacken.

# Sandwich Italia

**Für 1 Portion**

- 1 Portion Gemüse (1/2 Tomate, Rucola)
- 1 Portion Magerquark oder Frischkäse
- 1 Portion Roggenknäckebrot
- Salz, Pfeffer
- Balsamico-Essig

**Zubereitung**

1. Halbe Tomate waschen, putzen und fein würfeln. Den Quark oder Frischkäse cremig rühren und einen Happen für den Anfang der Mahlzeit beiseite legen. Die Tomatenstücke unter den restlichen Quark oder Frischkäse mischen. Rucola waschen und trockenschleudern.
2. Jede Scheibe Knäckebrot mit Tomatenquark/Tomatenfrischkäse bestreichen und mit Rucola belegen. Mit Salz, Pfeffer und ein paar Tropfen Essig würzen.

# Überbackener Blumenkohl

**Für 1 Portion**

1 Portion Blumenkohl

Salz

frisch gemahlener Pfeffer

1 Portion Mozzarella

**Zubereitung**

**1.** Blumenkohl waschen, putzen, in Röschen teilen und in sprudelndem Salzwasser blanchieren. Herausheben, abtropfen lassen und in eine Auflaufform geben. Salzen und pfeffern.

**2.** Mozzarella in Scheiben schneiden und auf den Blumenkohl legen.

**3.** Den Backofen vorheizen auf 200 °C (Umluft 180 °C, Gas Stufe 3-4) und den Blumenkohl darin in etwa 15 Minuten überbacken.

**Tipp** Statt Blumenkohl kann man auch **Brokkoli** oder **Zucchini** oder eine Mischung dieser Gemüsearten mit Käse überbacken.

# Sauerkraut-Apfel-Toast

**Für 1 Portion**

1 Apfel

1 Portion Gemüse (Sauerkraut frisch vom Fass, 1 EL gewürfelte Zwiebel)

frisch gemahlener Pfeffer

gemahlener Kümmel

Majoran

Salz

2 Scheiben Roggenknäckebrot

1 Portion Mozzarella

**Zubereitung**

**1.** Apfel waschen, schälen, entkernen und klein würfeln. Sauerkraut gut abtropfen lassen und in 2 bis 3 Zentimeter lange Stücke schneiden. Beides mit Zwiebel, Pfeffer, Kümmel und Majoran vermischen und mindestens 10 Minuten durchziehen lassen. Nach Bedarf salzen.

**2.** Den Backofen auf Grillstufe vorheizen.

**3.** Knäckebrot auf den Grillrost legen und die Krautmischung darauf verteilen. Unter dem Grill bräunen, bis die oberen Sauerkrautfäden oder die Apfelstücke leicht Farbe annehmen. Herausnehmen.

**4.** Mozzarella in Scheiben schneiden und eine beiseite legen. Den restlichen Käse auf das heiße Kraut geben und überbacken, bis er zerläuft. Zuerst die Scheibe Käse essen.

**Tipp** Statt Mozzarella **Frischkäse** nehmen.

# Knäcke-Bruschetta

**Für 1 Portion**

**1 Portion Gemüse (1/2 Tomate, gelbe Paprikaschote, gewürfelte Zwiebel)**

**frisches Basilikum**

**Balsamico-Essig**

**Salz, Pfeffer**

**1 Portion Roggenknäckebrot**

**1 Portion Mozzarella**

**Zubereitung**

**1.** Tomate und Paprikaschote waschen, putzen und klein schneiden. Basilikumblätter waschen und etwa die Hälfte fein hacken.

**2.** Eine beschichtete Pfanne erhitzen und die Zwiebel-, Tomaten- und Paprikastücke darin andünsten. Das gehackte Basilikum unterrühren und mit einem Schuss Essig, Salz und Pfeffer würzen. 5 Minuten leise kochen lassen.

**3.** Knäckebrot mit der Tomatenmischung belegen. Mozzarella würfeln und auflegen. Mit den restlichen Basilikumblättern garnieren.

# Knäcke-Tiramisu

**Für 1 Portion**

**Espressopulver**

**1 Portion Orange**

**1 Portion Magerquark**

**1-3 Scheiben Roggenknäckebrot**

**Zubereitung**

**1.** Eine Tasse Espresso aufbrühen und abkühlen lassen.

**2.** Orange waschen und schälen. Um die Orangenfilets auszulösen, mit dem Messer zwischen die Trennhäutchen und die Segmente fahren. Den ablaufenden Saft auffangen und den Quark damit geschmeidig rühren.

**3.** Eine Scheibe Knäckebrot in eine kleine Form legen und mit Espresso beträufeln. Quark und Orangenfilets aufschichten. Erneut Knäckebrot auflegen, mit Espresso beträufeln und den restlichen Quark und die restlichen Orangenfilets auflegen.

**Tipp** Dieses Grundrezept erlaubt viele Variationen. Es schmeckt auch ohne Espresso, die Orange kann durch **Mango** und der Quark durch **Mozzarella** oder **Ricotta** ersetzt werden. Ab Phase 3 kann man mit ein paar Tropfen Ahornsirup das Tiramisu verfeinern.

**Für 1 Portion**
1 Portion Quark
1 EL Mineralwasser
1 Portion Mango
gemahlener Zimt

# Quark mit Mango

**Zubereitung**

**1.** Den Quark mit Mineralwasser cremig rühren und einen Happen beiseite legen, um damit die Mahlzeit zu beginnen.

**2.** Die Mango waschen, schälen und das Fruchtfleisch vom Kern schneiden. Dabei den ablaufenden Saft auffangen und diesen dann unter den Quark rühren. Das Mangofruchtfleisch in kleine Stücke schneiden.

**3.** Die Mangostücke unter den Quark mischen und alles nach Geschmack mit Zimt würzen.

**Tipp** Quark durch **Frischkäse** oder **Joghurt** ersetzen und bei dem Obst eine Variante aus der persönlichen Liste auswählen.

**Für 1 Portion**
1 Portion Magerquark
1-2 TL Mineralwasser
Bourbon-Vanille
(1 EL Ahornsirup ab Phase 3)
1 Portion frische Erdbeeren

# Erdbeeren auf Vanillequark

**Zubereitung**

**1.** Den Magerquark mit etwas Mineralwasser cremig rühren und einen Happen beiseite legen, um damit die Mahlzeit zu beginnen.

**2.** Die Vanille (und den Ahornsirup ab Phase 3) unter den restlichen Quark rühren.

**3.** Die Erdbeeren waschen, nach Bedarf vierteln und auf der Quarkcreme anrichten.

**Tipp** Vanillequark lässt sich mit allen Obstarten variieren. Der Fruchtquark kann nach Belieben auch mit fein gemahlenem Zimt verfeinert werden.

*Ob rote oder grüne Äpfel: Die Schale soll mitverzehrt werden.*

# Backapfel mit Hüttenkäse

**Für 1 Portion**

1 Apfel

1 Portion Hüttenkäse

Zimt

### Zubereitung

**1.** Den Apfel waschen, das Kerngehäuse ausstechen und das Fruchtfleisch in daumendicke Scheiben schneiden.

**2.** Den Backofen vorheizen auf 180 °C (Umluft 160 °C, Gas Stufe 2-3).

**3.** Ein Backblech mit Backpapier auslegen und die Apfelscheiben nebeneinander auflegen. Das Backblech in den heißen Backofen schieben und die Apfelscheiben 5 bis 10 Minuten backen.

**4.** Die heißen Backäpfelscheiben überlappend auf einen Teller legen, den Hüttenkäse dazu anrichten und mit Zimt bestreuen.

**5.** Zuerst etwas Hüttenkäse essen, dann die gebackenen Apfelscheiben genießen.

**Tipp** Köstlich auch mit **Birnen**!

# Hülsenfrüchte

Bohnen, Erbsen, Kichererbsen und Linsen (Dal) sind die getrockneten Samen verschiedener Pflanzen, die als Fruchtform Schoten oder Fruchthülsen ausbilden. Diese getrockneten Samen müssen (bis auf Linsen) vor der Zubereitung 12 Stunden eingeweicht werden. Da sich Hülsenfrüchte im gekochten Zustand einige Tage im Kühlschrank halten, empfiehlt es sich, 2 bis 3 Portionen im Voraus einzuweichen und zu kochen. Bei der Zubereitung von Bohnengerichten ist zu beachten, dass sich die angegebene Trockenmenge beim Kochen verdoppelt, auch Dosenware, die übrigens nur mit Salz eingemacht wird. Wichtig: Bei der Zubereitung der Gerichte – vor allem bei der Zubereitung von Aufstrichen – soll man bei Metabolic Balance immer ein paar gegarte Hülsenfrüchte zur Seite legen, um mit ihnen die Mahlzeit beginnen zu können.

Für asiatisch gewürzte Gerichte kann Sojasauce verwendet werden, sofern sie weder Weizenstärke noch Zucker enthält.

*Hülsenfrüchte bringen hochwertiges Eiweiß in den Speiseplan ein.*

# Bohnenmus

**Für 1 Portion**

1 Portion getrocknete Bohnen

1 Knoblauchzehe

Petersilie oder andere Kräuter

Salz

frisch gemahlener Pfeffer

### Zubereitung

1. Bohnen in einer Schüssel mit kaltem Wasser bedecken und über Nacht oder 12 Stunden einweichen.
2. Am nächsten Tag das Wasser abgießen, die Bohnen abtropfen lassen und mit frischem Wasser ansetzen. Zunächst mindestens 10 Minuten bei starker Hitze aufkochen, dann die Hitzezufuhr reduzieren und die Bohnen 1 bis 2 Stunden (siehe Packungsanleitung) kochen.
3. Das Kochwasser aufheben. Die Bohnen pürieren und dabei nach Bedarf wenig Kochwasser zufügen. Einen Happen beiseite legen, um die Mahlzeit damit anfangen zu können.
4. Knoblauch abziehen, durch eine Knoblauchpresse drücken und zum Bohnenpüree geben. Petersilie waschen, fein hacken und untermischen. Mit Salz und Pfeffer würzen.

**Tipp** Um das Bohnenmus milder zu machen, **Avocado** als Teil einer Gemüseportion mitpürieren und das Restgewicht durch **Blattsalat** ergänzen. Das Mus als Aufstrich auf Knäckebrot verwenden.

# Hummus

**Für 1 Portion**

1 Portion Kichererbsen

Salz

1 Knoblauchzehe

entsteinte Oliven oder Kapern

### Zubereitung

1. Kichererbsen über Nacht kalt einweichen. Am nächsten Tag in frischem Wasser etwa 1 bis 2 Stunden (je nach Packungsangabe) kochen.
2. Kichererbsen pürieren und nach Bedarf Salzwasser zugeben. Knoblauch abziehen, fein hacken und unter das Püree mischen.
3. Oliven in Scheiben schneiden und damit (oder mit Kapern) das Püree garnieren. Nach Wunsch mit pürierter Avocado verfeinern.

# Bohnensuppe

**Für 1 Portion**

1 Portion Bohnen (weiße, rote oder braune)

Bohnenkraut

1 Portion Gemüse (Möhre, Kohlrabi, Sellerie)

Liebstöckel

Petersilie und/oder Schnittlauch

Salz, Pfeffer

**Zubereitung**

1. Bohnen über Nacht in Wasser einweichen. Am nächsten Tag abspülen, mit frischem Wasser ansetzen, Bohnenkraut mit ins Kochwasser geben und die Bohnen weich kochen (siehe Packungsanleitung).
2. Gemüse waschen, putzen und in kleine Würfel schneiden. Zu den Bohnen hinzugeben und weitere 10 Minuten köcheln lassen.
3. Petersilie, Liebstöckel und/oder Schnittlauch waschen, trockenschleudern und fein hacken beziehungsweise in Röllchen schneiden. Bohnen mit Salz, Pfeffer und den Kräutern würzen.

**Tipp** Mehrere Portionen auf einmal kochen und einzeln einfrieren.

# Weißer Bohnensalat

**Für 1 Portion**

1 Portion weiße Bohnen

1 Portion Gemüse (Zwiebel, Tomate)

Petersilie

Salz

frisch gemahlener Pfeffer

Balsamico-Essig

**Zubereitung**

1. Bohnen über Nacht in Wasser einweichen. Am nächsten Tag abspülen, mit frischem Wasser ansetzen, weich kochen (siehe Packungsanleitung) und abseihen. Abkühlen lassen.
2. Die Zwiebel abziehen und fein würfeln. Die Tomate mit kochendem Wasser überbrühen, häuten und in Stücke schneiden. Die Petersilie waschen, trockenschleudern und fein hacken. Alles mit den Bohnen vermischen.
3. Mit Salz, Pfeffer und Essig würzen.

**Tipp** Die Gemüseportion durch **Salat** nach Belieben ergänzen. 2 bis 3 Portionen im Voraus kochen und im Kühlschrank aufbewahren.

# Bohnen mit Brokkoli

**Für 1 Portion**

- 1 Portion schwarzgefleckte Bohnen
- 1 Portion Gemüse (Zwiebel, Brokkoli, Tomate)
- 1 Knoblauchzehe
- Ingwer
- gemahlener Kreuzkümmel
- Chilipulver
- Kurkuma
- Garam Masala
- Salz
- frisch gemahlener Pfeffer

**Zubereitung**

1. Bohnen über Nacht in Wasser einweichen. Am nächsten Tag abspülen, mit frischem Wasser ansetzen, knapp weich kochen (siehe Packungsanleitung) und abtropfen lassen.
2. Zwiebel abziehen und fein würfeln. Brokkoli waschen und in Röschen zerteilen. Tomate überbrühen, häuten und klein schneiden. Knoblauch abziehen, Ingwer schälen und beides fein hacken.
3. Einen Topf erhitzen und die Zwiebelwürfel mit etwas Wasser darin glasig dünsten. Brokkoli, Tomate und Kreuzkümmel zugeben und unter ständigem Rühren 2 Minuten erhitzen.
4. Chilipulver, Kurkuma, Ingwer, Knoblauch, Garam Masala und abgetropfte Bohnen unterrühren. Mit etwas Wasser auffüllen und etwa 15 Minuten kochen. Mit Salz und Pfeffer würzen.

*Dieses Gericht lässt sich auch mit Kidneybohnen oder Kichererbsen zubereiten.*

*Eine bekannte Sorte roter Bohnen sind die Kidneybohnen.*

# Rote Bohnen

**Für 1 Portion**

**1 Portion rote Bohnen**

**1 Portion Gemüse (Zwiebel, Paprikaschote)**

**1 Knoblauchzehe**

**Salz**

**frisch gemahlener Pfeffer**

**Schnittlauch**

## Zubereitung

**1.** Bohnen über Nacht in Wasser einweichen. Am nächsten Tag abspülen, mit frischem Wasser ansetzen, weich kochen (siehe Packungsanleitung) und abseihen. Abkühlen lassen.

**2.** Zwiebel abziehen und in feine Würfel schneiden. Paprikaschote waschen, putzen und in Stücke schneiden. Knoblauch abziehen und fein hacken.

**3.** Einen Topf erhitzen und darin die Zwiebel in etwas Wasser glasig anbraten. Mit Knoblauch, Salz und Pfeffer würzen. 2 bis 3 Minuten leise kochen lassen.

**4.** Die Bohnen zufügen und mit etwas Wasser weitere 5 Minuten zugedeckt leise kochen lassen. Schnittlauch waschen, in Röllchen schneiden und über das fertige Gericht streuen.

# Linsensuppe

**Für 1 Portion**

1 Portion rote oder braune Linsen

300 ml klare Gemüsebrühe (S. 43)

Petersilie

Schnittlauch

Salz

frisch gemahlener Pfeffer

### Zubereitung

**1.** Die Linsen nach Packungsanleitung in Wasser kochen. Dann in der Gemüsebrühe kurz aufkochen und 5 Minuten ziehen lassen.

**2.** Die Kräuter waschen, Petersilie fein hacken und Schnittlauch in Röllchen schneiden.

**3.** Die Suppe mit Salz und Pfeffer würzen, die Kräuter unterheben.

**Tipp** Immer gleich eine größere Menge Linsen kochen und den Rest portionsweise im Kühlschrank aufbewahren. Um die Mahlzeit zu vervollständigen, kann man dazu gekochtes Gemüse oder einen Rohkostsalat essen und als Nachtisch Obst nach Plan.

# Linsen-Gemüse-Eintopf

**Für 1 Portion**

1 Portion rote oder braune Linsen

1 Portion Gemüse (Kohlrabi, Wurzelpetersilie, Möhre, Frühlingszwiebel)

Petersilie und/oder Schnittlauch

Salz

frisch gemahlener Pfeffer

### Zubereitung

**1.** Die Linsen nach Packungsanleitung kochen.

**2.** Gemüse waschen, putzen und klein schneiden. Kräuter waschen, Petersilie fein hacken, Schnittlauch in Röllchen schneiden.

**3.** Das Gemüse zu den Linsen geben und bei mittlerer Hitze gar kochen.

**4.** Mit Salz, Pfeffer, Petersilie und/oder Schnittlauch würzen.

**Tipp** Immer zuerst etwas Linsen essen. Statt Linsen können für dieses Rezept auch **Bohnen** oder **Kichererbsen** verwendet werden. Und das Gemüse kann beliebig nach Plan ausgewählt werden. Wenn Kohlgemüse verwendet wird, ist es sinnvoll, mit Kümmel zu würzen, um eventuelle Blähungen bei der Verdauung zu vermeiden.

# Linsenpüree

**Für 1 Portion**

1 Portion rote oder braune Linsen

1 Knoblauchzehe

1 EL gewürfelte Zwiebel

(Olivenöl ab Phase 3)

Salz

frisch gemahlener Pfeffer

Zitronensaft

frische Kräuter

**Zubereitung**

**1.** Linsen abspülen und in gut 1/2 Liter Wasser 30 Minuten einweichen. Knoblauch abziehen und grob hacken.

**2.** Linsen im Einweichwasser zugedeckt bei mittlerer Hitze aufkochen. Zwiebelwürfel und Knoblauch zugeben. Zugedeckt bei schwacher Hitze etwa 15 Minuten garen, bis die Linsen zerfallen; nach Bedarf etwas Wasser nachgießen.

**3.** Linsen im Topf zerstampfen (ab Phase 3 etwas Öl unterrühren) und unter Rühren einkochen lassen, bis ein dicker Brei entsteht. Salzen, pfeffern und mit etwas Zitronensaft cremig rühren.

**4.** Das Püree abkühlen lassen und mit Kräutern garnieren.

**Tipp** Als Variante kann man eine Portion weiche **Avocado** (40 bis 80 Gramm) aus der Schale lösen und mit den Linsen pürieren. Das restliche Gemüse – abzüglich der Zwiebelwürfel – wiegt man dann mit **Blattsalat** auf und würzt mit Salz, frischen Kräutern und Essig.

# Aufstrich mit Kichererbsen

**Für 1 Portion**

1 Portion Kichererbsen

1 Portion Gemüse (Tomate, 40 g Avocado, 1 TL gewürfelte Zwiebel, gekochtes Gemüse)

Schnittlauch

Salz, Pfeffer

**Zubereitung**

**1.** Kichererbsen über Nacht in Wasser einweichen. Am nächsten Tag nach Packungsanleitung weich kochen.

**2.** Tomate überbrühen, häuten und halbieren. Das Fruchtfleisch der Avocado aus der Schale lösen. Schnittlauch in Röllchen schneiden.

**3.** Kichererbsen, Zwiebel, Tomate, Avocado und nach Wunsch gekochtes Gemüse mit einem Mixstab pürieren. Schnittlauchröllchen untermischen. Mit Salz und Pfeffer würzen.

# Bohnencrêpes

**Für 1 Portion**

**1 Portion Bohnen-, Linsen- oder Kichererbsenmehl**

**1 Messerspitze Natron**

**Salz**

**1 Messerspitze Bockshornklee- oder Kreuzkümmelsamen**

**(Öl ab Phase 3)**

## Zubereitung

**1.** Das Mehl mit Natron mischen, mit 50 bis 100 Milliliter Wasser verrühren und 8 bis 12 Stunden ruhen lassen. Der Teig sollte etwas säuerlich riechen und noch flüssig sein; ansonsten noch Wasser einrühren.

**2.** Den Teig salzen und mit den Samen würzen. Den Backofen vorheizen auf 80 °C (Umluft 60 °C, Gas Stufe 1).

**3.** Eine beschichtete Pfanne erhitzen, je 2 bis 3 Esslöffel Teig hineingeben und glattstreichen. Sobald der Teig leicht angebräunt ist, den knusprigen Crêpe vorsichtig aus der Pfanne lösen. Im Backofen warmhalten, bis alle Crêpes fertig sind.

**Tipp** Crêpes sollten knusprig und warm serviert werden. Als Begleiter zu dieser köstlichen Eiweißfraktion schmecken Salate oder Gemüse.

*Bohnencrêpes sind eine Spezialität aus Indien, wo sie auf Eisen- oder Steinplatten gebraten werden.*

# Kichererbsen mit Gemüse

**Für 1 Portion**

1 Portion Kichererbsen

1 Portion Gemüse (Zwiebel, Salat, Tomate, Gurke, Radieschen)

frischer Ingwer

Koriandergrün

Pfefferminzblätter

Salz

frisch gemahlener Pfeffer

Chilipulver

Balsamico-Essig

**Zubereitung**

**1.** Kichererbsen über Nacht in Wasser einweichen. Am nächsten Tag in frischem Wasser etwa 1 bis 2 Stunden (je nach Packungsangabe) weich kochen. In eine Schüssel geben und abkühlen lassen.

**2.** Zwiebel abziehen und würfeln. Salatblätter waschen und trockenschleudern. Tomate waschen und würfeln. Gurke und Radieschen putzen und in Scheiben schneiden. Ingwer schälen und hacken. Koriandergrün und Pfefferminzblätter waschen und fein hacken.

**3.** Die Kichererbsen mit Salz, Pfeffer und Chilipulver würzen. Die Kräuter untermischen.

**4.** Salatblätter und Gemüse auf einem Teller anrichten und mit Essig beträufeln. Die Kichererbsen darauf verteilen.

# Dal – Linsengericht

**Für 1 Portion**

1 Portion rote oder braune Linsen

1 Knoblauchzehe

frischer Ingwer

(Olivenöl ab Phase 3)

1 EL Zwiebelwürfel

Kurkuma

Salz

Garam Masala

**Zubereitung**

**1.** Linsen waschen und abtropfen lassen. Knoblauch abziehen und fein hacken. Ingwer schälen und fein reiben.

**2.** Einen Topf mit etwas Wasser (Öl ab Phase 3) erhitzen und Zwiebel, Knoblauch und Ingwer darin anbraten. Kurkuma unterrühren. Die Linsen zugeben und 1 bis 2 Minuten mitbraten.

**3.** Mit heißem Wasser bedecken und 15 bis 20 Minuten zugedeckt kochen lassen. Salz und Garam Masala einrühren und die Linsen fast zu Brei zerkochen. Überschüssige Flüssigkeit verkochen lassen.

**Tipp** Gemüse beim Kochen direkt in das Dal raspeln. Vorher 1 Esslöffel Dal als Eiweiß beiseite legen und die Mahlzeit damit beginnen.

# Eintopf mit Kichererbsen

**Für 1 Portion**

1 Portion Kichererbsen (Dose)

1 Portion Gemüse (Zwiebel, Staudensellerie, Tomate, Blattspinat)

1 Knoblauchzehe

(Olivenöl ab Phase 3)

150 ml Gemüsebrühe (S. 43)

Salz, Pfeffer

**Zubereitung**

**1.** Kichererbsen aus der Dose abtropfen lassen. Zwiebel und Knoblauch abziehen und fein würfeln. Sellerie und Tomate waschen, putzen und würfeln. Spinat verlesen, waschen und abtropfen lassen.

**2.** Einen Topf (mit Öl ab Phase 3) erhitzen und Zwiebel und Knoblauch darin mit etwas Brühe glasig dünsten. Kichererbsen und restliche Brühe zufügen und 2 Minuten dünsten. Salzen und pfeffern.

**3.** Sellerie und Tomate zugeben und weitere 10 Minuten leise mitkochen lassen. Inzwischen den Spinat grob hacken.

**4.** Spinat zugeben und ein paar Minuten bei mittlerer Hitze leise mitkochen lassen.

# Falafel

**Für 1 Portion**

1 Portion Kichererbsenmehl

1 Messerspitze Natron

Salz

frisch gemahlener Pfeffer

Öl ab Phase 3

**Zubereitung**

**1.** In einem Topf das Kichererbsenmehl mit Natron und der zweifachen Menge Wasser verrühren, aufkochen und bei mittlerer Hitze unter Rühren zu einem Brei kochen.

**2.** Den Brei mit Salz und Pfeffer würzen. Mit angefeuchteten Händen Kugeln formen und diese zu Frikadellen abflachen.

**3.** Eine beschichtete Pfanne (mit Öl ab Phase 3) erhitzen und die Frikadellen darin beidseitig anbraten.

**Tipp** Zur Berechnung der Portion bitte beachten, dass das Gewicht der ganzen Trockenmasse entspricht, die auf dem persönlichen Plan angegeben ist. Die Frikadellen können mit Zwiebel, Knoblauch und Kreuzkümmel verfeinert werden. Dazu Salat oder Gemüse essen.

**Für 1 Portion**

**1 Portion Kichererbsenmehl**

**1 Messerspitze Natron**

**Salz**

**frisch gemahlener Pfeffer**

**(1 EL Olivenöl ab Phase 3)**

# Farinata

**Zubereitung**

**1.** Am Vortag das Kichererbsenmehl mit Natron in eine Schüssel geben und mit 150 Milliliter kaltem Wasser verrühren. Die Schüssel mit einem Tuch abdecken und den Brei über Nacht quellen lassen.

**2.** Am nächsten Tag den eventuell gebildeten Schaum an der Oberfläche abnehmen. Den Teig mit Salz und Pfeffer würzen (und ab Phase 3 das Öl untermischen).

**3.** Ein Backblech mit Backpapier auslegen (ab Phase 3 kann man das Backblech mit Öl bestreichen) und den Teig darauf etwa 1 Zentimeter dick ausbreiten. Oder den leicht bröckeligen Teig flach in eine mit etwas Wasser benetzte Auflaufform oder Springform geben und mit einem Löffel ausstreichen.

**4.** Die Farinata nach Belieben belegen (siehe Tipp unten).

**5.** Den Backofen vorheizen auf 200 °C (Umluft 180 °C, Gas Stufe 3-4). Die Farinata darin etwa 20 Minuten auf Sicht goldbraun backen; die Garzeit richtet sich nach der Dicke des ausgestrichenen Teiges.

**Tipp** Als Belag für diese alternative Pizza eignen sich **Paprikaschote**, **Zucchini**, eine halbe **Tomate** oder anderes Gemüse nach dem individuellen Nahrungsplan. Es können auch **Möhren** und **Kohlrabi** aufgelegt werden; diese sollten jedoch vorher in dünne Scheiben geschnitten und 2 bis 5 Minuten in sprudelnd kochendem Salzwasser blanchiert werden. Da das für die Teigzubereitung verwendete Kichererbsenmehl schon die Eiweißportion der Mahlzeit darstellt, wird die Farinata nicht mit Käse belegt. Stattdessen kann man üppig mit Kräutern würzen, beispielsweise mit Thymian, Majoran oder Oregano. Wer es schärfer mag, der kann in dünne Scheiben geschnittene, frische Knoblauchzehen oder Chilischoten auflegen.

*Auch blanchierter Brokkoli eignet sich gut als Belag für die Farinata.*

# Tofu

Tofu wird zuweilen auch als Sojakäse oder Sojabohnenquark gehandelt, da bei seiner Herstellung die Sojamilch durch Säure zum Gerinnen gebracht wird.

Alle Milch- und Joghurtrezepte können auch mit Sojamilch und Sojajoghurt umgesetzt werden. Sicherlich ist der eher geschmacksneutrale Tofu erst einmal etwas gewöhnungsbedürftig, vor allem, wenn man nach dem gleichbleibenden Geschmack all jener Fertigprodukte sucht, die mit Geschmacksverstärkern produziert werden. Doch bei Metabolic Balance geht es auch darum, den natürlichen Geschmack der Speisen wieder zu erfassen. Hier gilt es, mit frischen Kräutern und verschiedenen Gewürzen – etwa Chilischoten, Ingwer oder Knoblauch – ein raffiniertes Geschmackserlebnis zu zaubern. Zudem kann man auch zu allen Rezepten Räuchertofu verwenden, der eine besondere Note miteinbringt. Oder man grillt Tofuscheiben einfach auf einem Sandwichgrill. Super schmeckt Räuchertofu gegrillt und dazu gekochtes und mit Senfpulver gewürztes Sauerkraut.

*Tofu wird in verschiedenen Ausführungen vor allem in Bioläden und Reformhäusern angeboten.*

## Kohlsuppe mit Räuchertofu

**Für 1 Portion**

**1 Portion Gemüse (Zwiebel, Porree, Weißkohl, Blumenkohl, Möhre, Paprikaschote)**

**1 Knoblauchzehe**

**frischer Ingwer**

**Salz, Pfeffer**

**Currypulver**

**gemahlener Kümmel**

**100 ml Gemüsebrühe oder Wasser**

**Koriandergrün**

**1 Portion Räuchertofu**

### Zubereitung

1. Zwiebel abziehen, das restliche Gemüse putzen und alles klein schneiden. Knoblauch abziehen und fein hacken. Ingwer schälen und fein hacken.
2. In einem Topf Zwiebel und Porree mit etwa 2 Esslöffeln Wasser andünsten. Mit Currypulver, Kümmel und Knoblauch würzen und kurz dünsten.
3. Die Brühe, das restliche Gemüse und den Ingwer zugeben. Aufkochen, die Hitzezufuhr reduzieren und so lange leise kochen lassen, bis das Gemüse gar ist.
4. Inzwischen das Koriandergrün waschen und fein hacken. Den Tofu würfeln. Beides zum Gemüse geben und etwa 5 Minuten leise mitkochen lassen.

## Räuchertofu mit Möhren

**Für 1 Portion**

**1 Portion Räuchertofu**

**1 Portion Möhren**

**frischer Ingwer**

**(Öl ab Phase 3)**

**Sojasauce ohne Stärke und Zuckerzusatz**

**Salz**

**frisch gemahlener Pfeffer**

**Currypulver**

### Zubereitung

1. Tofu in 3 Zentimeter große Würfel schneiden. Möhren waschen, putzen und in dünne Streifen schneiden oder hobeln. Ingwer schälen und fein hacken.
2. Einen Wok (mit Öl ab Phase 3) erhitzen und die Möhren mit dem Ingwer in etwas Wasser darin dünsten.
3. Tofu untermischen und unter vorsichtigem Wenden etwa 2 Minuten braten. Etwas Sojasauce zugeben. Mit Salz, Pfeffer und Currypulver würzen.

**Tipp** Auch mit **Zucchini** ein feines Essen.

*Nach Belieben können auch grüne Bohnen die Gemüsepfanne bereichern.*

# Gemüsepfanne mit Tofu

**Für 1 Portion**

**1 Portion Gemüse (Zwiebel, Möhre, Paprikaschote, Spitzkraut)**

**1 Portion Tofu**

**(Öl ab Phase 3)**

**1 TL Sojasauce ohne Stärke und Zuckerzusatz**

**Salz**

**frisch gemahlener Pfeffer**

**Currypulver**

**Zubereitung**

1. Zwiebel abziehen und in Ringe schneiden. Möhre, Paprikaschote und Spitzkraut waschen und putzen, Möhre grob hobeln oder in dünne Streifen schneiden, Paprikaschote und Spitzkraut in Streifen schneiden. Tofu in Würfel schneiden.
2. Einen Wok (mit Öl ab Phase 3) erhitzen. Tofu darin kurz anbraten und wieder herausnehmen.
3. Zwiebelringe im Wok andünsten. Kurz darauf die Möhre etwa 2 Minuten mitdünsten. Etwas Wasser und Sojasauce zugeben und etwa 5 Minuten leise kochen lassen.
4. Paprika- und Spitzkrautstreifen zugeben und leise kochen lassen, bis alles gar, aber noch knackig ist. Nach Bedarf Wasser zufügen.
5. Tofu einlegen und alles mit Salz, Pfeffer und Currypulver würzen.

# Räuchertofu mit Blattsalat

**Für 1 Portion**

1 Portion Räuchertofu

Salz

frisch gemahlener Pfeffer

1 Portion Blattsalat

1 Knoblauchzehe

Balsamico-Essig

**Zubereitung**

1. Den Tofu in Scheiben schneiden und mit Salz und Pfeffer würzen.
2. Eine Pfanne erhitzen und die Tofuscheiben darin beidseitig bräunen; nach Bedarf etwas Wasser zugeben.
3. Inzwischen den Salat waschen, trockenschleudern und auf einem Teller anrichten. Den warmen Tofu darauf legen.
4. Knoblauch abziehen, durch eine Knoblauchpresse drücken und zugeben. Mit Essig besprühen.

# Asiatischer Tofu

**Für 1 Portion**

1/2 Portion getrocknete Tongupilze

1 Portion Tofu oder Räuchertofu

Salz

1/2 Portion Gemüse (Schwarzwurzel, Frühlingszwiebel, Möhre, Palmherz)

Ingwer

1 Knoblauchzehe

1 Chilischote

(Öl ab Phase 3)

frisch gemahlener Pfeffer

dunkle Sojasauce ohne Stärke und Zuckerzusatz

**Zubereitung**

1. Die Tongupilze waschen und etwa 10 Minuten in warmem Wasser einweichen.
2. Den Tofu längs halbieren und rundherum mit Salz einreiben.
3. Das Gemüse waschen, schälen und putzen. Schwarzwurzel stifteln und in Salzwasser bissfest kochen. Frühlingszwiebel in Röllchen, Möhre in dünne Streifen, Palmherz in Scheiben schneiden. Ingwer und Knoblauch schälen und hacken. Chilischote putzen und in feine Scheiben schneiden. Eingeweichte Pilze entstielen und in Streifen schneiden, das Einweichwasser beiseite stellen.
4. Einen Wok (mit Öl ab Phase 3) erhitzen und den Tofu darin anbraten. Herausnehmen und in 3 Zentimeter große Würfel schneiden.
5. Frühlingszwiebel, Ingwer und Knoblauch im Wok glasig werden lassen. Übrige Zutaten einrühren, 2 Minuten mitbraten. Tofu untermischen und mit Salz, Pfeffer und Sojasauce würzen. Mit dem Pilzwasser ablöschen. Weitere 10 Minuten kochen lassen.

# Sprossen und Körner

Keimsprossen und Körner gibt es in Bioläden oder Ökoecken im Supermarkt. Wer Sprossen selber ziehen möchte, sollte die Samen in Reformhäusern oder Bioläden kaufen, um keine chemisch behandelte Ware zu bekommen. Zum Ziehen zum Beispiel Mungobohnen in ein Einmachglas füllen, mit Wasser bedecken und über Nacht stehen lassen. Am nächsten Tag die gequollenen Bohnen in einem Sieb unter fließendem kaltem Wasser abwaschen. Feucht zurück ins Weckglas geben. Mit einem luftdurchlässigen Stoff (Gardinenstoff) bedecken, mit einem Gummiring verschließen und an einem warmen (20 °C), hellen, aber nicht sonnigen Platz stehen lassen. Zweimal täglich mit Wasser abspülen, bis die kleinen Keimlinge sprießen – das dauert 2 bis 6 Tage. Sprossen schmecken super frisch in Salaten oder als Beigabe zu Wokgemüse.

Bei Metabolic Balance bestehen die Körnermischungen aus Kürbiskernen und Sonnenblumenkernen.

*Auf die Frische kommt es an, will man in den vollen Genuss der wertvollen Inhaltsstoffe von Sprossen und Keimen kommen.*

# Asia-Möhren-Salat

**Für 1 Portion**

1 Portion frische Sojasprossen
1 Portion Möhren
(Öl ab Phase 3)
Currypulver
Salz
frisch gemahlener Pfeffer
Balsamico-Essig
(Sojasauce ab Phase 3)

**Zubereitung**

1. Sojasprossen waschen. Möhren waschen, schälen und grob raspeln.
2. Eine Pfanne mit wenig Wasser (Öl ab Phase 3) erhitzen und die Sojasprossen und Möhrenraspel darin kurz anbraten. Mit Currypulver, Salz, Pfeffer, Essig (und Sojasauce ab Phase 3) würzen.
3. Abkühlen lassen und auf einem Teller anrichten.

**Tipp** Dies ist eine komplette Mahlzeit, da die Sojasprossen die Eiweißration stellen. Beim Verzehren fängt man deshalb mit ein paar Sojasprossen an. Als Nachtisch gibt es dann wie üblich eine Portion Obst, zum Beispiel Apfel oder Ananas.

# Sprossen-Kresse-Dip

**Für 1 Portion**

1 Portion Sprossen (Alfalfa- oder Rettichsprossen, Gartenkresse)
1 Knoblauchzehe
Balsamico-Essig
Senfpulver
Salz
frisch gemahlener Pfeffer

**Zubereitung**

1. Sprossen und Kresse waschen, klein hacken und in eine Schüssel geben. Knoblauch abziehen, durch eine Knoblauchpresse drücken und zugeben.
2. Wenig Wasser mit Balsamico-Essig, Senfpulver, Salz und Pfeffer verrühren und unter die Sprossen-Kresse-Mischung ziehen.

**Tipp** Dieser Dip schmeckt besonders delikat zu Artischocken. Dafür frische Artischocken waschen, Stiele entfernen und die Blattspitzen mit einer Küchenschere abschneiden. In reichlich Salzwasser mit einem Schuss weißen Balsamico-Essigs zugedeckt 25 bis 35 Minuten kochen, bis sich die Blätter leicht auszupfen lassen. Zum Essen die Artischocken abzupfen und in den Dip tunken.

# Salat mit Sprossen

**Für 1 Portion**

1 Portion Gemüse (grüner Salat, 1/2 Tomate, Gurke, Paprikaschote)

1 Portion Sprossen

Salz, Pfeffer

(Olivenöl ab Phase 3)

Balsamico-Essig

**Zubereitung**

**1.** Den Salat waschen und trockenschleudern. Die Tomate waschen, Stielansatz entfernen und in Stücke schneiden. Die Gurke waschen, schälen und quer in 3 Zentimeter lange Stücke schneiden. Die Paprikaschote waschen, Samen und Trennwände entfernen und das Fruchtfleisch in Würfel schneiden. Das Gemüse in eine Schüssel geben.

**2.** Die Sprossen zufügen. Den Salat mit Salz, Pfeffer, (Öl ab Phase 3) und etwas Essig würzen.

# Aufstrich mit Körnermischung

**Für 1 Portion**

1 Portion Gemüse (Zwiebel, Avocado)

1 Knoblauchzehe

Salz

frisch gemahlener Pfeffer

1 Portion Körnermischung

**Zubereitung**

**1.** Zwiebel und Knoblauch abziehen, fein würfeln und in eine Schüssel geben. Avocado entkernen, das Fruchtfleisch mit einem Löffel aus der Schale heben und in die Schüssel geben.

**2.** Den Schüsselinhalt mit einem Mixstab fein pürieren. Mit Salz und Pfeffer würzen und die Körnermischung darunter heben.

**Tipp** Diese Körnermischung kann man durch die Zugabe von feingeschnittener **Rucola** und wenig Essig oder frischen Kräutern variieren. Die Körnermischungen – ab der zweiten Phase bei Metabolic Balance erlaubt – bestehen aus Sonnenblumenkernen und Kürbiskernen. Sie sind beliebig verwendbar. So kann man einen Aufstrich aus Sonnenblumenkernen machen und mit ganzen Kürbiskernen genießen oder man püriert die Kürbiskerne und isst die Sonnenblumenkerne so dazu. Besonders nussig schmecken Aufstriche, wenn man die Körner zuvor in einer fettfreien Pfanne anröstet.

# Körner-Chutney

**Für 1 Portion**

- 1 Portion Mango
- frischer Ingwer
- 1/2 Portion Sonnenblumenkerne
- 1 TL Kokosraspeln
- 4 Tropfen Chilisauce
- 1 Messerspitze Senfpulver
- 1 TL Balsamico-Essig
- Salz
- (2 EL Öl ab Phase 3)
- 1/2 Portion Kürbiskerne

**Zubereitung**

**1.** Mango schälen und klein würfeln. Ingwer schälen und fein reiben.

**2.** Sonnenblumenkerne in einem Mixer zu Mehl mahlen. Zusammen mit den Kokosraspeln in einer fettfreien Pfanne leicht anrösten.

**3.** Die Mangowürfel in die Pfanne geben. Alles mit Ingwer, Chilisauce, Senfpulver, Essig und Salz würzen und nach Bedarf noch etwa 50 Milliliter Wasser (Öl ab Phase 3) zufügen.

**4.** Das Chutney auf einem Teller zum Beispiel in Igelform anrichten und mit Kürbiskernen bestücken.

**Tipp** Diese Zubereitung eignet sich als Aufstrich und schmeckt auch köstlich zu Rohkost wie Möhre, Kohlrabi oder Sellerie. Statt Mango kann auch **Ananas** oder **Apfel** verwendet werden.

*Körner-Chutney eignet sich gut für die Außer-Haus-Verpflegung.*

# Sachregister

# Rezeptregister

## Zutatenregister

# Bildnachweis

Fotos im Rezeptteil: Klaus Arras, Köln

K. Arras, Köln 11; P. Bourrier 5 o., 16; Getty Images 37 (Altrendo) 5 u., 19 (foodpix); Mosaik Verlag 31 (Brauner); Südwest Verlag 23 (Hofmann), 4, 33 (Holz), 28 (Newedel), 9, 26 (Plewinski), 34 (Schliack), 2 (Seiffe)

# Hinweis

Die Ratschläge in diesem Buch sind von Autoren und Verlag sorgfältig erwogen und geprüft; dennoch kann eine Garantie nicht übernommen werden. Eine Haftung der Autoren bzw. des Verlags und dessen Beauftragten für Personen-, Sach- und Vermögensschäden ist ausgeschlossen.

# Impressum

© 2006 by Südwest Verlag, einem Unternehmen der Verlagsgruppe Random House GmbH, 81673 München

Alle Rechte vorbehalten. Vollständige oder auszugsweise Reproduktion, gleich welcher Form (Fotokopie, Mikrofilm, elektronische Datenverarbeitung oder durch andere Verfahren), Vervielfältigung, Weitergabe von Vervielfältigungen nur mit schriftlicher Genehmigung des Verlags.

**Projektleitung**
Susanne Kirstein
**Rezeptentwicklung**
Margit Rieder
**Redaktion**
Dr. Ute Paul-Prößler
**Gesamtproducing**
v|Büro – Jan-Dirk Hansen
**Bildredaktion**
Elisabeth Franz
**Korrektorat**
Susanne Langer
**Umschlag**
R.M.E. Eschlbeck/ Kreuzer/Botzenhardt
**Druck**
Alcione, Trento

Printed in Italy

ISBN: 978-3-517-06993-7

9817 26

## Bereits erschienen im Südwest-Verlag

ISBN 978-3-517-06955-5

ISBN 978-3-517-08412-1

ISBN 978-3-517-08277-6

ISBN 978-3-517-08411-4